Dennis Barkmin

Ulrich Bräker: Ein Vorbild im Zeitalter der Globalisierung?

Eine Analyse der ökonomischen Denk- und Handlungsmuster des Schweizer Verlegers unter Berücksichtigung der Religionssoziologie Max Webers

Zwischen Traditionalismus und Modernität

Dennis Barkmin

ULRICH BRÄKER: EIN VORBILD IM ZEITALTER DER GLOBALISIERUNG?

Eine Analyse der ökonomischen Denk- und Handlungsmuster des Schweizer Verlegers unter Berücksichtigung der Religionssoziologie Max Webers

Zwischen Traditionalismus und Modernität

ibidem-Verlag
Stuttgart

Bibliografische Information der Deutschen Nationalbibliothek
Die Deutsche Nationalbibliothek verzeichnet diese Publikation in der Deutschen Nationalbibliografie; detaillierte bibliografische Daten sind im Internet über http://dnb.d-nb.de abrufbar.

Bibliographic information published by the Deutsche Nationalbibliothek
Die Deutsche Nationalbibliothek lists this publication in the Deutsche Nationalbibliografie; detailed bibliographic data are available in the Internet at http://dnb.d-nb.de.

∞

Gedruckt auf alterungsbeständigem, säurefreien Papier
Printed on acid-free paper

ISBN-10: 3-89821-974-7

ISBN-13: 978-3-89821-974-7

Printed in Germany

I. Einleitung und Fragestellung

„[...] dann meine handlung müste sehr einträglich seyn - oder meine ausgaben überstigen sie - anderst ich müste mich sehr oekonomisieren - eine andere art annehmen, als ich habe - und das ist sehr schwäär."[1]

Mit diesen Worten kommentierte der Schweizer Verleger Ulrich Bräker (1735 - 1798) im November 1782 die Ursachen für seine häufigen wirtschaftlichen Probleme. Die ökonomischen Schwierigkeiten brachte er hier mit seiner nur schwer zu ändernden *„art"*, also mit seiner Mentalität in Verbindung.
Innerhalb der Protoindustrialisierungsforschung wird der Frage, inwieweit sich bei den wirtschaftlichen Akteuren entsprechend dem ökonomischen Wandel eine moderne kapitalistische Mentalität herausbildete, große Bedeutung zugesprochen. Denn Strukturgeschichte bedarf einer Einbeziehung sozialgeschichtlicher Ansätze und Fragestellungen, welche die Aneignung der Strukturen durch die historischen Subjekte untersuchen.[2]
Hiervon ausgehend werden in der vorliegenden Studie Ulrich Bräkers Schriften entsprechend einer solchen Fragestellung untersucht. Um den Begriff der Mentalität zu umgehen, wird im Folgenden von ökonomischen »Denk- und Handlungsmustern« des Verlegers gesprochen.[3] Hierunter werden sich re-

[1] Bürgi, Andreas (Hrsg.): Ulrich Bräker. Sämtliche Schriften. Bd. II. München 1998ff, S. 331.

[2] Vgl. Gorißen, Stefan: Vom Handelshaus zum Unternehmen. Sozialgeschichte der Firma Harkort im Zeitalter der Protoindustrie (1720 – 1820) (Bürgertum: Beiträge zur europäischen Gesellschaftsgeschichte, 21). Göttingen 2002, v.a. S. 13f. und S. 40f.

[3] Claudius Sieber-Lehmann macht darauf aufmerksam, dass in der wissenschaftlichen Diskussion eine engere Definition des Begriffs Mentalität fehle. Vielmehr gebe es in der Forschung eine Menge verschiedener Auslegungen dieses Begriffs. Generell ist aber darauf hinzuweisen, dass sich Mentalitätengeschichte, welche sich auf Einzelbiographien stützt, fragwürdig erscheint. Der Untersuchungsgegenstand des Mentalitätshistorikers ist stets ein Kollektiv. Vgl. Sieber-Lehman, Claudius: Ein neuer Blick auf allzu Vertrautes: Mentalitätengeschichte in der deutschschweizerischen Geschichtsforschung. In: Schweizerische Zeitschrift für Geschichte, 41 (1991), S. 38 – 50, hier S. 42 – 47; vgl. auch Le Goff, Jaques: Eine mehrdeutige Geschichte. In: Raulff, Ulrich: Mentalitäten-Geschichte. Zur historischen Rekonstruktion geistiger Prozesse. Berlin 1987, S. 18 – 32, hier vor allem S. 19.

gelmäßig auf eine Situation erfolgende, internalisierte Gedanken- bzw. Handlungsgänge verstanden.

Die Untersuchung wirtschaftlichen Denkens und Handelns geniest, vor dem aktuellen Hintergrund der Diskussionen über Globalisierung, eine offensichtliche Relevanz.[4] Diese Relevanz ergibt sich durch die Hoffnung historische Erfahrungen für die Lösung aktueller Probleme nutzen zu können.

1. Kurzbiographie und Quellen

Ulrich Bräker wurde am 22. Dezember 1735 in ärmlichen Verhältnissen nahe Wattwil geboren. Wattwil liegt in der Schweizer Landschaft Toggenburg, welche zur Fürstabtei St. Gallen gehörte.[5] Schon früh wurde er vom Vater als Ziegenhirte eingesetzt. Die Schule besuchte er nur während einiger Wochen im Winter. 1755 ließ sich Bräker für die preußische Armee anwerben. Auf diese Weise lernte er Berlin kennen und nahm am 7jährigen Krieg teil. Allerdings desertierte er während der Schlacht um Lobositz (1.10.1756) und kehrte in seine Heimat zurück. 1761 heiratete er Salome Ambühl (~ 24.2.1735 - 7.3.1822). Die Ehe, aus der 7 Kinder hervorgingen, verlief selten harmonisch und war durch ständige Streiterein und gegenseitiges Unverständnis geprägt. Bräker lebte mit seiner Familie in Hochsteig bei Wattwil. Im September 1798 starb er. Der genaue Todestag ist nicht überliefert.[6]

---

[4] In der Globalisierungsdebatte wird häufig eine Veränderung der ökonomischen Denk- und Handlungsmuster der wirtschaftlichen Akteure gefordert. Vgl. zum Beispiel: Ulrich, Peter: Integrative Wirtschaftsethik. Bern 1997.

[5] Vgl. hierzu auch Vogler, Werner: Das Toggenburg im Klosterstaat der Fürstabtei von St. Gallen (1468 – 1798). In: Bücher, Hans (Hrsg.): Das Toggenburg. Eine Landschaft zwischen Tradition und Fortschritt. Wattwil 1992, S. 47 - 58; Jehle, Marianne/Jehle, Frank: Kleine St.Galler Reformationsgeschichte. Herausgegeben vom evangelisch-reformierten Kirchenrat des Kantons St.Gallen. Zürich 2006, S. 9 – 14; zum politischen System der Eidgenossenschaft vgl. Böning, Holger: Revolution in der Schweiz. Das Ende der Alten Eidgenossenschaft. Die Helvetische Republik 1798 – 1803. Frankfurt am Main 1985, S. 15 – 21.

[6] Zum Leben von Ulrich Bräker ist neben seiner eigenen Autobiographie vor allem auf die Biographie von Böning hinzuweisen: Böning, Holger: Ulrich Bräker. Der Arme Mann aus dem Toggen-

Während Bräker das Lesen in der Schule lernte, brachte er sich das Schreiben selbst bei. Lernbegeisterung war bei ihm sehr früh zu erkennen.[7] 1776 wurde er in die »Reformierte Moralische Gesellschaft« in Lichtensteig aufgenommen. Von diesem Zeitpunkt an hatte er Zugang zur umfangreichen Bibliothek der Lesegesellschaft sowie Kontakt zu aufgeklärten Personenkreisen.[8]
Die hier vorliegende Studie wurde auf der Grundlage der Tagebücher zwischen 1770 und 1798, seiner Autobiographie, einiger literarischer Versuche sowie den überlieferten Briefen erstellt. Seine Autobiographie verfasste er zwischen 1781 und 1785. Sie erschien 1788/89 unter dem Titel *„Lebensgeschichte und Natürliche Ebentheuer des Armen Mannes im Tockenburg"*.
Die meisten der Originale von Bräkers Schriften befinden sich in der St. Galler Kantonsbibliothek. Für diese Studie wurde die bei dem Verlag Beck zwischen 1998 und 2000 erschienene Ausgabe *Ulrich Bräker. Sämtliche Schriften*[9] verwendet. Die Tagebücher von 1775 bis 1778 liegen der Forschung nur in der durch Bräkers Verleger Johann Heinrich Füssli (1745 - 1832) redigierten und auch inhaltlich veränderten Fassung vor. Auf den problematischen Quellenwert dieser Tagebücher wurde in der Geschichtswissenschaft auch des-

burg. Leben, Werk und Zeitgeschichte. Königstein 1985; außerdem Hoffmann, Susanne: Gesundheit und Krankheit bei Ulrich Bräker (1735 – 1798) (Zürcher Medizingeschichtliche Abhandlungen, 297). St. Gallen 2005, S. 1 – 4; zur Soldatenzeit Bräkers vgl. Böning, Holger: „Was gehen mich eure Kriege an?". Ulrich Bräkers Erfahrungen als preussischer Rekrut und ihre Verarbeitung in seinem literarischen Werk. In: Schweizer Monatshefte (1998), n. 9, S. 21 – 24.

[7] Vgl. Böning, Ulrich Bräker, S. 30 – 33.

[8] Vgl. ebenda, S. 102 – 106. Besonderen Einfluss auf Ulrich Bräkers Denken in jener Zeit hatten der reformierte Pfarrer Martin Imhof (27.1.1750 – 1822) sowie der Dorfschullehrer und Dichter Johann Ludwig Ambühl (1750 - 1800), den er 1773 kennen lernte. Vgl. hierzu Voellmy, Samuel: Daniel Girtanner von St. Gallen - Ulrich Bräker aus dem Toggenburg und ihr Freundeskreis. Ein Beitrag zur Geschichte der Aufklärung in der Schweiz in der 2. Hälfte des XVIII. Jahrhunderts (Dissertation). St. Gallen 1928, S. 108; Volz-Tobler, Bettina: Ulrich Bräkers „Selbstaufklärung" im Spiegel seiner frühen Tagebücher. In: Messerli, Alfred / Muschg, Adolf (Hrsg.): Schreibsucht. Autobiographische Schriften des Pietisten Ulrich Bräker (1735 – 1798) (Arbeiten zur Geschichte des Pietismus, 44). Göttingen 2004, S, 72 – 92, hier S. 74f.

[9] Bürgi, Andreas (Hrsg.): Ulrich Bräker. Sämtliche Schriften. 4 Bände. München 1998ff. Zitiert werden Angaben aus diesen Bändern gefolgt: Sämtliche Schriften, Band, Titel (zum Beispiel Tagebücher), Seitenzahl.

halb besonders aufmerksam gemacht, da Füssli hierbei die Intention verfolgte, Bräker als einen aufgeklärten Menschen darzustellen.[10]

Ulrich Bräkers Schreiben war immer an literarische Vorbilder gebunden. Für die Zeit vor Mitte der 1770er Jahre lässt sich vor allem der Einfluss der Bibel sowie pietistischer Erbauungsliteratur erkennen. Später war weltliche Literatur von größerer Bedeutung für seine Aufzeichnungen. Die Bräker-Forschung ging lange Zeit von einem plötzlichen Wandel des Protagonisten zu einem aufgeklärten Menschen, ab ungefähr Mitte der 1770er Jahre aus. Begründet wurde dies hauptsächlich mit seinem Eintritt in die Lesegesellschaft in Lichtensteig. Bettina Volz-Tobler fand allerdings heraus, dass Bräker schon zu seinem Eintritt, der Gesellschaft mehrere »moderne« Bücher schenkte. Sie weist daher daraufhin, dass man seine Wandlung zum aufgeklärten Menschen nicht als Bruch, sondern als Prozess betrachten müsse.[11]

In Bräkers Tagebüchern vereinen sich viele verschiedene literarische Formen. Neben den autobiographischen Stellen finden sich unter anderem Gebete, Dialoge und Gedichte. Die Abstände sowie der Umfang der Einträge sind unregelmäßig.[12]

Susanne Hoffmann weist darauf hin, dass sich bei Bräker auch die Motivation zu schreiben im Laufe der Jahre änderte. Drei Phasen werden dabei unterschieden.

Die erste Phase bis 1774 stand im Zeichen von Bräkers pietistischer Selbstreflexion. Volz-Tobler wirft für diese frühen Tagebücher allerdings die Frage auf, inwiefern dieser, von dem Gefühl der eigenen Sündhaftigkeit geprägte, fromme Bräker mit der real existierenden Person Bräker übereinstimmte. Es handelte sich bei diesen Aufzeichnungen wohl nur um einen Aspekt seiner Persönlichkeit. In dieser ersten Phase standen sein Innenleben und vor allem seine Glaubensreflexionen im Vordergrund. Äußere Ereignisse erschienen dagegen nebensächlich. Deshalb sind die Äußerungen hinsichtlich seiner wirtschaftlichen Tätigkeit auch sehr viel spärlicher.

---

[10] Vgl. Hoffmann, Gesundheit und Krankheit, S. 2f.

[11] Vgl. Volz-Tobler, Selbstaufklärung, S. 74f; Hoffmann, Gesundheit und Krankheit, S. 3.

[12] Vgl. Hoffmann, Gesundheit und Krankheit, S. 3.

Die zweite Etappe wird bis Ende der 1780er Jahre taxiert. Der Protagonist schrieb nun für sich selbst, aus der Lust zu schreiben heraus. Schriftstellerische Versuche nahmen einen größeren Platz ein. In dieser Phase verfasste er auch seine »Lebensgeschichte«. Äußere Ereignisse fanden nun viel stärkere Erwähnung. Daher ist auch sein Wirtschaftsleben für diese Zeitspanne besser zu rekonstruieren.

Nach der Veröffentlichung der »Lebensgeschichte« 1788/89 schrieb Bräker auch im Hinblick auf eine mögliche Publikation seiner Tagebücher. Daher dachte er beim Schreiben an ein mögliches Publikum und thematisierte verstärkt Dinge, welche für die Allgemeinheit von größerem Interesse waren, wie zum Beispiel politische Ereignisse. Der mögliche wirtschaftliche Nutzen seiner Schriftstellerei wurde ihm in dieser dritten Phase seines Schreibens bewusst.[13]

2. Forschungsstand

In der Bräker-Forschung stand bisher dessen Leben als Schriftsteller und Leser im Vordergrund.[14] Oft wurde dies im Zusammenhang mit der Frage nach Bräkers Wandel vom strenggläubigen Pietisten hin zu einer aufgeklärten Per-

[13] Vgl. zu diesen Phasen von Bräkers Schreiben: Volz – Tobler, Selbstaufklärung, S. 91f.; Hoffmann, Gesundheit und Krankheit, S. 3f.

[14] Vgl. unter anderem Messerli, Alfred/Muschg, Adolf (Hrsg.): Schreibsucht. Autobiographische Schriften des Pietisten Ulrich Bräker (1735 – 1798) (Arbeiten zur Geschichte des Pietismus, Bd. 44). Göttingen 2004; Sauder, Gerhard: Die Bücher des Armen Mannes und der Moralischen Gesellschaft im Toggenburg. In: Arbeitsstelle 18. Jahrhundert, Gesamthochschule Wuppertal (Hrsg.): Buch und Sammler. Private und öffentliche Bibliotheken im 18. Jahrhundert. Colloquium der Arbeitsstelle 18. Jahrhundert, Gesamthochschule Wuppertal, Universität Münster, Düsseldorf vom 26. – 28. September 1979 (Beiträge zur Geschichte der Literatur und Kunst des 18. Jahrhunderts, 3) Heidelberg 1979, S. 167 – 186; Wegelin, Peter: Der arme Mann im Druck. Ulrich Bräkers Weg von Orell, Gessner, Füssli und Compagnie in Zürich zu C.H. Beck in München. In: Schweizer Monatshefte 9 (1998), S. 35f; Görner, Rüdiger: Bräkers Shakespeare. Versuch über eine Annäherung. In: Schweizer Monatshefte 9 (1998), S. 32 – 34; Wuthenow, Ralph – Rainer: Das erinnerte Ich. Europäische Autobiographie und Selbstdarstellung im 18. Jahrhundert. München 1974, S. 91 – 101.

son untersucht.[15] Doch auch unter einigen anderen Gesichtspunkten wurde sein Leben in der historischen Forschung behandelt.[16] Aus explizit wirtschafts- und sozialgeschichtlicher Perspektive wurden die Schriften des Verlegers bisher lediglich von Albert Tanner bearbeitet.[17] In diesem 18seitigen Aufsatz beschäftigt sich der Schweizer Historiker allerdings nur auf effektiv fünf Seiten (S. 58 - 62) mit Bräkers ökonomischem Handeln und Denken. Neben einem kurzen, chronologisch angelegten Überblick über die verschiedenen wirtschaftlichen Aktivitäten sucht Tanner auch nach Erklärungen für die ökonomischen Schwierigkeiten des Protagonisten. Hierzu schreibt er:

> „Für eine wirklich erfolgreiche Tätigkeit als Fabrikant verfügte Ulrich Bräker [...] weder über die notwendigen wirtschaftlichen noch persönlichen Voraussetzungen. Es mangelte ihm an den erforderlichen Garnkenntnissen und Erfahrungen in der Weberei, es fehlte ihm an Kapital, an kaufmännischem Wissen und Können, an Beziehungen zu auswärtigen Handelshäusern. Er war ungeschickt im Umgang mit seinen Arbeitern. Doch dies allein erklärt Bräkers geringen Erfolg als Fabrikant noch nicht völlig. Auch andere hatten mit diesen Schwierigkeiten zu kämpfen und lernten damit umzugehen. Was neben seinem Schreiben wohl mehr zählte, waren seine soziale Herkunft, seine Mentalität; sie standen ihm im Wege."[18]

Denn so Tanner weiter:

> „Ulrich Bräker [blieb] in seinem ökonomischen Denken und Verhalten, in seiner Lebensgestaltung und Mentalität seinem kleinbäuerlichen Herkunftsmilieu weiterhin stark verhaftet."[19]

Neben ökonomischen Gründen bringt Tanner Bräkers geringen wirtschaftlichen Erfolg in Zusammenhang mit dessen kleinbäuerlicher Mentalität. Diese These des Historikers ist somit in die Forschungskontroverse über den Gegensatz von »moderner« und »bäuerlich-traditionalistischer« Wirtschaftswei-

---

[15] Vgl. unter anderem Böning, Ulrich Bräker, vor allem S. 86 – 95; Volz – Tobler, Selbstaufklärung.

[16] Einen guten Literaturüberblick zu Bräker bietet Hoffmann, Gesundheit und Krankheit, S. 5.

[17] Tanner Albert: Das ganze Land eine „Baumwollenfabrik". Ulrich Bräker als Garnhändler, Weber und kleiner Fabrikant. In: Toggenburgblätter für Heimatkunde 36 (1985), S. 51 – 67.

[18] Ebenda, S. 61f.

[19] Ebenda, S. 62.

se eingebettet, welche im Verlauf der vorliegenden Studie noch tiefgehender behandelt wird.

Holger Böning geht in seiner Biografie über Ulrich Bräker davon aus, dass der Verleger zwar in seiner Lebensweise den unterbäuerlichen und protoindustrielle Unterschichten verbunden blieb, sich aber in seinem Denken und Überzeugungen von seiner sozialen Herkunft löste.[20] Ob sich dementsprechend bei Bräker neue ökonomische Denkmuster belegen lassen, wird von Böning nicht eingehender untersucht. Nur sehr kurz thematisiert der Historiker einen möglichen Einfluss aufgeklärter Weltanschauung auf Bräkers wirtschaftliches Verhalten. Hierzu schreibt er, dass der Verleger sich zwar an den Ideen der Aufklärung orientierte, die Wirtschaftsmaximen derselben aber weder verinnerlichen konnte noch wollte.[21]

Ein möglicher Zusammenhang zwischen den religiösen Glaubensvorstellungen Bräkers, vor dem Hintergrund der »Weber-These«, und seinem ökonomischen Denken und Handeln wurde dagegen in der Literatur noch überhaupt nicht untersucht.[22] Dies überrascht, da gerade Bräkers Religionsverständnis im Zusammenhang mit seinem religiösen Wandel in der Forschung häufig thematisiert wurden.[23]

3. Methodik, präzisierte Problemstellung und Aufbau der Studie

Die Tagebücher und »Lebensgeschichte« Ulrich Bräkers bieten einen Einblick in die wirtschaftliche Praxis einer Sozialschicht, deren Stimme sonst in der Frühen Neuzeit kaum zu hören ist. Denn Bauern und Kleinhändler pflegten für gewöhnlich nicht zu schreiben.[24] Seine Aufzeichnungen besitzen wirtschafts- und sozialpolitisches Potential, welches zwar schon länger bekannt

---

[20] Vgl. Böning, Ulrich Bräker, S. 203.

[21] Vgl. ebenda, S. 112 – 114.

[22] Tanner wertet lediglich Bräkers religiösen Fatalismus als Hindernis für größeren ökonomischen Erfolg (Vgl. Tanner, Baumwollenfabrik, S. 61).

[23] Vgl.Böning, Bräker, v.a. S. 85 – 100; Volz-Tobler, Selbstaufklärung, v.a. S. 79 – 92.

[24] Vgl. Wegelin, Der arme Mann im Druck, S. 36.

ist, jedoch nicht voll ausgeschöpft wurde. Ziel dieser Studie ist es, ökonomisches Handeln und Denken des Protagonisten aus unterschiedlichen Perspektiven näher zu beleuchten.

Dabei wird der Ansatz der Mikrohistorie verfolgt. Die Erkenntnismöglichkeiten einer mikrohistorisch betriebenen Forschung sind davon abhängig, ob spezifische Vorgehensweisen und Methoden entwickelt werden. Voraussetzung ist selbstverständlich das Vorhandensein eines ausreichenden und entsprechenden Quellenkorpus. Die Tagebücher und sonstigen Schriften Bräkers liefern ein umfangreiches Beobachtungsfeld für eine solche mikrohistorische Untersuchung. In dieser Studie geht es, im Gegensatz zu anderen mikrohistorischen Arbeiten, in erster Linie nicht darum, einen typischen Fall sichtbar werden zu lassen. Vielmehr soll, durch die Begrenztheit des Untersuchungsgegenstandes, die Möglichkeit genutzt werden, Ulrich Bräker auf ökonomische Handlungen, Motive und Grundüberzeugungen hin auszuleuchten. Die vorliegende Studie bewegt sich zwar im Kontext umfassender Theorien und Problemstellungen, doch ist ihre Zielsetzung nicht eine bestimmte Theorie zu exemplifizieren. Vielmehr werden bestimmte theoretische Konzepte und makrohistorische Modelle genutzt, um Erklärungs- und Interpretationsmuster zur Beantwortung der Fragestellung zu erhalten. Es geht folglich darum, die ökonomische Gedanken- und Lebenswelt des Protagonisten zugleich beschreibend als auch analysierend darzustellen. Theorie und Empirie werden dabei in einem konkreten mikrohistorischen Fallbeispiel miteinander verbunden.[25] Hinsichtlich der Erkenntnismöglichkeiten mikrohistorischer Verfahren schreibt Hans Medick:

---

[25] Zum mikrohistorischen Ansatz vgl. Medick, Weben und Überleben in Laichingen 1650 – 1900. Lokalgeschichte als Allgemeine Geschichte. Göttingen 1996, S. 20 – 34; Ders.: Mikro-Historie. In: Schulze, Winfried (Hrsg.): Sozialgeschichte, Alltagsgeschichte, Mikro-Historie. Eine Diskussion, S. 40 – 53, hier S. 40 – 45; Hardtwig, Wolfgang: Alltagsgeschichte heute. Eine kritische Bilanz. In: Schulze, Winfried (Hrsg.): Sozialgeschichte, Alltagsgeschichte, Mikro-Historie. Eine Diskussion. Göttingen 1994, S. 19 – 32, hier S. 21 – 24; zur Kritik an mikrohistorischen Arbeiten vgl. Kocka, Jürgen: Perspektiven für die Sozialgeschichte der neunziger Jahre. In: Schulze, Winfried (Hrsg.): Sozialgeschichte, Alltagsgeschichte, Mikro-Historie. Eine Diskussion. Göttingen 1994, S. 33 – 39, hier S. 34.

> „Der entscheidende Erkenntnisgewinn einer Lokalisierung und Kontextualisierung historischen Wissens durch mikro-historische Verfahren besteht vielmehr darin, dass durch die möglichst vielseitige und genaue Durchleuchtung historischer Besonderheiten und Einzelheiten - vor allem auf der Ebene der Alltäglichkeit menschlichen Verhaltens - Gleichzeitigkeiten und Ungleichzeitigkeiten kultureller, sozialer, ökonomischer und politischer Momente in den Blick geraten."[26]

Die hier vorliegende Studie zielt darauf, durch die Untersuchung der ökonomischen Denk- und Handlungsmuster Ulrich Bräkers, festzustellen, ob und inwieweit sich »moderne« bzw. »traditionalistische« Elemente innerhalb des wirtschaftlichen Denkens und Handelns des Verlegers feststellen lassen. »Traditionalistische« Elemente zeigen sich in erster Linie in einer bedarfs- oder subsistenzausgerichteten Wirtschaftsweise sowie anhand einer Orientierung an vorkapitalistischen Werten wie dem »Gemeinnutz« und einer »moralischen Ökonomie«. Unter einer auf Bedarf ausgerichteten Wirtschaftsweise versteht man, dass der Bedarf der Zweck und die Arbeit das Mittel ist, diesen Zweck zu erreichen.[27] Der Arbeitsaufwand wird demnach nicht von Profitmaximierung, sondern von der *„Idee der Nahrung"* geleitet.[28] Zudem spielt

---

[26] Medick, Weben und Überleben, S. 29.

[27] Vgl. beispielsweise Medick, Hans: Die protoindustrielle Familienwirtschaft. In: Kriedte, Peter u.A.: Industrialisierung vor der Industrialisierung. Gewerbliche Warenproduktion auf dem Land in der Formationsperiode des Kapitalismus (Veröffentlichungen des Max-Planck-Instituts für Geschichte, 53) Göttingen 1977, S. 90 – 154, hier S. 98 – 100; Schulze, Winfried: Vom Gemeinnutz zum Eigennutz. Über den Normenwandel in der ständischen Gesellschaft der Frühen Neuzeit. In: HZ 243 (1986), S. 591 – 626; Dülmen, Richard van: Die Entdeckung des Individuums 1500 – 1800. Frankfurt am Main 1997, S. 111f.

[28] Sombart, Werner: Der moderne Kapitalismus. Historisch-systematische Darstellung des gesamteuropäischen Wirtschaftslebens von seinen Anfängen bis zur Gegenwart. Bd. 1 (Die vorkapitalistische Wirtschaft). München/Leipzig 1928, S. 34f, Zitat auf S. 34; Zur »Idee der Nahrung« bei Sombart vgl. zudem Ehmer, Josef: Traditionelles Denken und neue Fragestellungen zur Geschichte von Handwerk und Zunft. In: Lenger, Friedrich (Hrsg.): Handwerk, Hausindustrie und die Historische Schule der Nationalökonomie. Wissenschafts- und gewerbegeschichtliche Perspektiven. Bielefeld 1998, S. 19 – 77, hier S. 24.

das Prinzip der Risikominimierung eine bedeutende Rolle innerhalb des wirtschaftlichen Handelns.[29]

Unter »modernen« Elementen werden Faktoren verstanden, welche auf kapitalistische Denk- und Handlungsmuster schließen lassen. Als wichtigste Charakteristika werden hierfür, gemäß Gorißen, Rationalität in den wirtschaftlichen Handlungen einerseits, sowie anderseits das Eintreten für liberale Marktverhältnisse angenommen.[30] Unter Rationalität wird in Bezug zu den Wirtschaftswissenschaften die *„ökonomische Mittelwahl in Bezug auf die individuelle Nutzenmaximierung"* verstanden.[31] Kapitalistisches Handeln ist demnach an Gewinnmaximierung und somit an Effizienz und Wirtschaftlichkeit orientiert. Modernes wirtschaftliches Denken und Handeln äußert sich unter anderem in einem veränderten Umgang der wirtschaftlichen Akteure mit Geld, sowie einem Wandel in den Einstellungen zu Arbeit, Zeit, Müßiggang und Armut.[32]

In der vorliegenden Untersuchung wird es darum gehen, die wechselseitige Beziehung zwischen Bräkers Lebensverhältnissen und seinem wirtschaftlichen Denken und Handeln darzustellen. Konkret bedeutet dies zu fragen, inwieweit sein soziales Herkunftsmilieu, seine beruflichen Tätigkeiten sowie seine geistigen und religiösen Entwicklungen die ökonomischen Denk- und Handlungsmuster des Verlegers beeinflussten.

Beachtet werden muss, dass es sich bei dem zugrundeliegenden Quellenmaterial größtenteils um Tagebuchaufzeichnungen und Lebensbeschreibungen und nicht etwa um Rechnungsbücher oder ähnliche Dokumente aus dem wirtschaftlichen Alltag handelt. Von daher können nur wenige konkrete Angaben über die Größenordnung oder die Effizienz von Bräkers geschäftlichen

---

[29] Vgl. Zurfluh, Anselm: Uri, Modell einer traditionellen Welt? Eine ethno-geschichtliche Studie über die Urner Mentalität 17. – 20. Jahrhundert. Zürich 1994, S. 203.

[30] Vgl. Gorißen, Handelshaus, S. 358.

[31] Rolle, Robert: Homo oeconomicus. Wirtschaftsanthropologie in philosophischer Perspektive. Würzburg 2005, S. 288.

[32] Vgl. auch Volkmann, Laurenz: Homo oeconomicus. Studien zur Modellierung eines neuen Menschenbildes in der englischen Literatur vom Mittelalter bis zum 18. Jahrhundert. Heidelberg 2003, S.1 und S. 9

Aktivitäten oder seiner finanziellen Situation gemacht werden. Ziel dieser Studie kann es aufgrund der Quellenlage zudem nicht sein, eine mögliche moderne ökonomische Rationalität des Protagonisten anhand von Kalkulationsrechnungen festzustellen.

Der Hauptteil der Studie gliedert sich in vier Kapitel, in denen jeweils Ulrich Bräkers wirtschaftliches Denken und Handeln aus unterschiedlicher Perspektive untersucht wird.

Nach der Einleitung werden zunächst einige Vorüberlegungen angestellt, um Bräkers wirtschaftliches Handeln anhand ökonomischer Kriterien bewerten zu können Hierbei wird möglichen Bedingungen für erfolgreiches Handeln als Verleger im Verlagssystem nachgegangen (Kapitel II).

Im dritten Kapitel werden Ulrich Bräkers wirtschaftliche Tätigkeiten in chronologischer Sichtweise dargestellt und anschließend anhand einiger ausgewählter Faktoren näher analysiert. Zunächst werden Ulrich Bräkers »Herkunftsmilieu und Jugendjahre (1735 - 1758)« beschrieben. Anschließend wird sein wirtschaftliches Leben in folgende Phasen unterteilt: »Beginn als Verleger (1759 - 1769)«, »Krisenjahre (1770 - 1772)«, »Wirtschaftlicher Aufschwung (1773 - 1785)«, »Wirtschaftliche Probleme (1785 - 1794)« sowie »Von der Gründung der Fabrik bis zum wirtschaftlichen Bankrott (1794 - 1798)«. Diese Einteilung der Unterkapitel bezieht sich entweder auf einen Wandel hinsichtlich Bräkers wirtschaftlicher Tätigkeit oder in Bezug auf eine Veränderung in der wirtschaftlichen Lage seines Verlages. Bei der Analyse seines ökonomischen Verhaltens richtet sich das Augenmerk zunächst auf die Frage, ob Bräker über ausreichendes ökonomisches Wissen verfügte, um als Verleger erfolgreich zu sein. Anschließend werden seine mischökonomischen Verhältnisse untersucht. Der folgende Absatz beschäftigt sich mit Verschuldung, Krediten und Investitionen beim Protagonisten.

Das vierte Kapitel behandelt Ulrich Bräkers Wahrnehmung der wirtschaftlichen Lebenssphäre. Ziel ist eine quantitative Erfassung von Tagebucheinträgen, welche sich auf wirtschaftlich relevante Aspekte beziehen. Es geht hier darum, mit Hilfe einer sozialwissenschaftlichen Methode, einen Überblick über die Verteilung seiner Aufmerksamkeit auf ökonomische Angelegenheiten, wie er sie in seinen Aufzeichnungen zumindest sprachlich zum Ausdruck brachte, zu erhalten. Zunächst werden Methode und Ergebnisse der Untersuchung vorgestellt. Anschließend erfolgen Interpretationsansätze.

Im fünften Kapitel werden, vor dem Hintergrund der »Weber - These«, mögliche religiöse Einflussfaktoren auf Bräkers wirtschaftliches Leben untersucht. Hierzu wird zunächst die »Weber - These« erläutert sowie die Glaubensentwicklung des Protagonisten nachgezeichnet. Zur Überprüfung der Wirkung religiöser Glaubensinhalte auf sein ökonomisches Denken und Handeln, werden Bräkers Vorsehungsglaube, seine asketischen Glaubensvorstellungen, seine Arbeits- und Berufsethik, seine Einstellungen zu Reichtum sowie sein Armutsverständnis analysiert.

Das sechste Kapitel fragt danach, ob und inwiefern sich die ökonomischen Denk- und Handlungsmuster des Verlegers zwischen kleinbäuerlicher Lebenswelt, kapitalistischen Marktzusammenhängen und aufgeklärter Weltanschauung einordnen lassen. Hierfür ist es zunächst nötig einen Überblick über wissenschaftliche Diskussionszusammenhänge und Konzepte hinsichtlich der Mentalität während der Epoche der Protoindustrialisierung zu geben. Anschließend wird untersucht, ob und inwieweit sich die Vorstellungen des Protagonisten mit den weitverbreiteten Normvorstellungen eines »Gemeinwohls« und einer »moral economy« deckten. Des Weiteren werden sein Arbeitsverhalten sowie sein Umgang mit Geld hinsichtlich einer möglichen Subsistenzausrichtung untersucht. Ausgehend von den wirtschaftspolitischen Vorstellungen des Protagonisten wird dann ein möglicher Einfluss aufklärerischer Weltanschauungen auf sein ökonomisches Denken diskutiert. Abschließend wird das persönliche Leistungsbedürfnis Bräkers mit Hilfe einer wirtschaftspsychologischen Methode David McClellands empirisch gemessen. Auf diese Weise wird gefragt, ob Bräker aus psychologischer Perspektive den Anforderungen für erfolgreiches wirtschaftliches Handeln als Verleger entsprach.

Im letzten Kapitel werden de Ergebnisse der Quellenstudien und Analysen, hinsichtlich der in der Einleitung gestellten Frage zusammengefasst.

II. Vorüberlegungen - Kriterien für ökonomischen Erfolg als Verleger im 18. Jahrhundert

Jürgen Kocka schreibt: Es gibt *„ins ökonomische System eingebaute Mechanismen [...], die die Akteure dazu zwingen, sich in bestimmten, gleichartigen Weisen zu verhalten, wenn sie nicht scheitern [...] wollen"*.[33]

Generell ist aber darauf hinzuweisen, dass wirtschaftliches Handeln immer impliziert, Risiken einzugehen. Risiko birgt aber immer auch die Möglichkeit des Misserfolgs. Oder anders ausgedrückt: Es gibt niemals Garantien für automatischen wirtschaftlichen Erfolg.[34] Dennoch gibt es selbstverständlich Faktoren, welche die Wahrscheinlichkeit hierfür erhöhen. Beachtet werden muss außerdem, dass exogene, also konjunkturelle Faktoren immer bei der Beurteilung eines wirtschaftlichen Akteurs berücksichtigt werden müssen.[35]

Ulrich Bräkers ökonomisches Leben fällt in die wirtschaftsgeschichtliche Epoche der Protoindustrialisierung, also der *„Industrialisierung vor der Industrialisierung"*.[36] Der Begriff Protoindustrialisierung meint einen

> „Prozeß ländlich-gewerblicher Warenproduktion in der Formationsperiode des modernen Kapitalismus vor der Entstehung der Fabrikindustrie. Er basierte überwiegend auf der hausindustriellen Arbeit klein- und unterbäuerlicher Produzenten und gründete in Produktionsverhältnissen, die teils durch das Kaufsystem, teils durch den Verlag, aber auch durch die <teilzentralisierte Manufaktur> bestimmt waren."[37]

---

[33] Kocka, Jürgen. Unternehmer in der deutschen Industrialisierung. Göttingen 1975, S. 8.

[34] Vgl. Casson, Der Unternehmer, S. 526.

[35] Einen prägnanten Überblick zur protoindustriellen Konjunktur in der Schweiz während des 18. Jahrhunderts bietet Braun, Ancien Régime, S. 139.

[36] So der Titel des Buches von Peter Kriedte u.A. vgl. Kriedte, Peter u.A.: Industrialisierung vor der Industrialisierung. Gewerbliche Warenproduktion auf dem Land in der Formationsperiode des Kapitalismus (Veröffentlichungen des Max-Planck-Instituts für Geschichte, 53), Göttingen 1977

[37] Medick, Weben und Überleben, S. 66; Im sechsten Kapitel wird unter Punkt 1 noch genauer auf das Protoindustrialisierungskonzept von Kriedte u.A. eingegangen. Zur Forschungsdiskussion und Problematik des Begriffs Protoindustrialisierung vgl. beispielsweise: Gorißen, Handelshaus, S. 14 – 25.

Bräker schloss durch seine Tätigkeit als Zwischenhändler bzw. Verleger die Lücke zwischen der protoindustriellen Produktionssphäre und weit entfernten Absatzmärkten. Konkret bedeutete dies, dass er zum einen die Heimarbeiter auf dem Land mit den benötigten Rohstoffen versorgte und zum anderen die fertigen Produkte auf die Märkte zu den Großhändlern und Kaufleuten lieferte. Auch wenn der Verleger im Gegensatz zum Kaufmann näher zur Produktionssphäre hin orientiert war, beschränkte sich der Aufgabenbereich größtenteils auf die Distributionssphäre. Von daher war bei einer Tätigkeit als Verleger auch kaum fix angelegtes, sondern hauptsächlich zirkulierendes Handelskapital nötig.[38] Aus diesem Grund muss man auch die Begriffe Unternehmer und Verleger, wie Stefan Gorißen vorschlägt, scharf trennen:

> „Der Begriff des <Unternehmers> findet nur dann Anwendung, wenn das Engagement eines Wirtschaftsbürgers im Bereich der Warenproduktion dasjenige im Bereich der Güterzirkulation übersteigt, die Summe des fix angelegten Kapitals also größer ist als diejenige des umlaufenden."[39]

Ulrich Bräker wird ausgehend von dieser Definition nicht als Unternehmer bezeichnet. Stattdessen wird der Begriff des »Verlegers« verwendet.
Die Verleger nahmen in der Distributions- als auch schon zum Teil in der Produktionssphäre wichtige Funktionen des späteren Industrieunternehmers wahr. Durch stärkere Arbeitsteilung hatten sie die Möglichkeit die Produktivität zu erhöhen. Zudem setzten sie ihre Kenntnisse sowohl in der Rohstoffbeschaffung als auch beim Fertigwarenabsatz gewinnbringend ein. Da die Verleger die Kosten für Gebäude und Gerätschaften weitgehend auf die Verlegten abwälzten, konnten sie den Vertrieb der Ware relativ elastisch und oh-

[38] Vgl. Gorißen, Handelshaus, S. 371f.

[39] Gorißen, Handelshaus, S. 369. Zur Geschichte des Unternehmer-Begriffs vgl. Casson, Mark: Der Unternehmer. Versuch einer historisch-theoretischen Deutung. In: GG 27 (2001), S. 524 – 544, hier S. 526f.; zur Unternehmertypologie vgl. Redlich Fritz: Unternehmertypologie. In: Ders.: Der Unternehmer. Wirtschafts- und Sozialgeschichtliche Studien. Göttingen 1964, S. 153 – 170.

ne großes Risiko, der Nachfrage anpassen.[40] Von daher waren für die Verleger die Chancen eines sozioökonomischen Aufstiegs recht groß. Auf diese Weise gelang es vielen, ohne günstige finanzielle Startbedingungen, zu bemerkenswertem Wohlstand zu gelangen.[41] Ein guter Überblick über mögliche Absatzmöglichkeiten, also eine detaillierte Übersicht über die regionalen Märkte, Messen und Hauptabnehmer waren Grundvoraussetzungen für wirtschaftlichen Erfolg. Das Wissen über Absatzmärkte und Marktzusammenhänge war aufgrund der beschränkten Informations- und Kommunikationsmöglichkeiten sogar von noch größerer Bedeutung als zur heutigen Zeit. Gerade im Textilsektor ergab sich durch ständig wechselnde Moden eine sich oft wandelnde Nachfragestruktur nach unterschiedlichen Garn- und Tuchsorten. Dies verlangte vom Verleger das Vorhandensein einer sicheren Informationsgrundlage. Ebenso gehörten gute Grundkenntnisse über die Waren und ihre Produktionstechniken sowie eine geordnete Buchführung zu den Bedingungen für eine erfolgreiche verlegerische Tätigkeit.[42]
Es bleibt aber zu bedenken, dass bis weit ins 18. Jahrhundert hinein nur drei Möglichkeiten existierten, sich dieses kaufmännische »Know-How« anzueignen: Der alltägliche Wirtschaftskampf, wenige ökonomische Ratgeberliteratur oder für diejenigen, welche die finanziellen und persönlichen Möglichkeiten dazu hatten, eine praktische Ausbildung in einem Handelshaus.[43]
Auch wenn im Gegensatz zum modernen Fabriksystem Investitionskapital im Verlagswesen noch keine so dominante Rolle spielte, ist das Verfügen über ein Startkapital als ein weiterer günstiger Faktor für wirtschaftlichen Er-

[40] Vgl. ebenda., S. 21f.; North, Michael: Von der atlantischen Expansion bis zu den Agrarreformen (1450 – 1815). In: Ders. (Hrsg.): Deutsche Wirtschaftsgeschichte. Ein Jahrtausend im Überblick. München 2005, S. 112 – 197, hier S. 152.

[41] Braun, Rudolf: Das ausgehende Ancien Régime in der Schweiz. Aufriß einer Sozial- und Wirtschaftsgeschichte des 18. Jahrhunderts. Göttingen/Zürich 1984, S. 126f; Beispiele für einige Verleger im Toggenburg, denen durch ihre berufliche Tätigkeit ein solcher sozialer und ökonomischer Aufstieg gelang, finden sich bei Tanner, Baumwollenfabrik, S. 57f.

[42] Vgl. Kocka, Unternehmer, S. 28f; Braun, Rudolf: Industrialisierung und Volksleben. Veränderungen der Lebensformen der verlagsindustriellen Heimarbeiter in einem ländlichen Industriegebiet (Zürcher Oberland) vor 1800. Göttingen ^{2}1979, hier S. 112 und S. 197.

[43] Vgl. Tanner, Spulen – Weben – Sticken, S. 165f.

folg zu nennen. Weitere vorteilhafte Bedingungen waren gute Geschäftsbeziehungen, zuverlässige Kapitalgeber sowie Durchsetzungsfähigkeit gegenüber den Heimarbeitern.[44]

[44] Vgl. auch Braun, Ancien Régime, S. 113; Casson, Der Unternehmer, hier S. 529; Fischer, Thomas/Oberli, Heinrich: Die Industrialisierung des Toggenburgs. In: Büchler, Hans (Hrsg.): Das Toggenburg. Eine Landschaft zwischen Tradition und Fortschritt. Sulgen 1992, S. 78 – 98, hier S. 82.

III. Ulrich Bräkers wirtschaftliche Tätigkeit im Spiegel seiner Aufzeichnungen

1. Darstellung: Ulrich Bräkers wirtschaftliches Leben

1.1 Herkunftsmilieu und Jugendjahre

Fritz Redlich behauptet in seinen Studien zur Unternehmerforschung, dass die soziale Herkunft, zumindest in Bezug auf historische Verhältnisse, eine gewisse Wirkung auf unternehmerisches Denken und Handeln habe.[45] Redlich ging demnach von einer wissenschaftlichen Sichtweise aus, die in der Forschung auch als »embeddedness approach« bezeichnet wird. Hierbei werden soziale Einflussfaktoren als Variabeln für Entscheidungsprozesse einbezogen. In dieser Perspektive wird davon ausgegangen, dass individuelles Handeln entscheidend durch das soziale Herkunftsmilieu des Akteurs beeinflusst wird.[46] Dieser Annahme folgte auch Tanner in seiner Argumentation hinsichtlich Ulrich Bräkers wirtschaftlichem Verhalten. Deshalb werden im Folgenden die Herkunft des Protagonisten sowie dessen Kinder und Jugendjahre dargestellt. Das Hauptaugenmerk liegt hierbei auf den wirtschaftlichen Verhältnissen von Bräkers Familie.

Für Ulrich Bräkers Kinder- und Jugendjahre liegen keine Tagebücher vor. Aus diesem Grund kann sich die Forschung für diesen Zeitraum nur auf seine viel später verfasste Autobiografie stützen.

Ulrich Bräkers Vater bewirtschaftete als Bauer ein Gut in Dreyschlatt, in der Nähe von Wattwil. Die Familie besaß im Laufe der Jahre zwischen 3 und 8 Kühen sowie eine Herde Ziegen. Im Nebenverdienst arbeitete der Vater als Salpetersieder. Als in den 1730er Jahren das Baumwollspinnen im Toggenburg eingeführt wurde, war Bräkers Mutter eine der ersten, die als Spinnerin

---

[45] Vgl. Redlich, Fritz: Ein Programm der Unternehmerforschung. In: Ders.: Der Unternehmer. Wirtschafts- und sozialgeschichtliche Studien. Göttingen 1964, S. 132 – 152, hier S. 147.

[46] Vgl. Pierenkemper, Toni: Unternehmensgeschichte. Eine Einführung in ihre Methoden und Ergebnisse. Stuttgart 2000, S. 263.

ihr Geld verdiente.[47] Im Winter und nach Feierabend mussten auch Bräker selbst und seine Geschwister Baumwolle spinnen. Zudem arbeitete er schon im Alter von neun Jahren als Ziegenhirte seines Vaters. Trotz dieser umfangreichen Einnahmequellen litt die Familie unter einer großen Schuldenlast, so dass sie das Gut in Dreyschlatt schließlich 1754 an ihre Gläubiger verlor. Daraufhin zog die Familie nach Wattwil um, wo der Vater einen neuen Hof zur Bearbeitung erhielt. Eine bedeutende Rolle für die großen wirtschaftlichen Probleme der Familie spielten die hohen obrigkeitlichen Abgaben im Toggenburg. Ulrich Bräker lernte in dieser Zeit Salpeter zu sieden und arbeitete gelegentlich als Tagelöhner.[48]
Bräker wuchs in einem von pietistischer Frömmigkeit geprägten familiären Umfeld auf. Der Pietismus hatte sich während der ersten Hälfte des 18. Jahrhunderts im Toggenburg erheblich ausgebreitet.[49] Die Großmutter nahm ihn

---

[47] Zur Entwicklung der Textil- und vor allem Baumwollindustrie in der Ostschweiz im 18 Jahrhundert vgl. Bergier, Jean – Francois: Die Wirtschaftsgeschichte der Schweiz. Von den Anfängen bis zur Gegenwart. Zürich/ Köln 1983, S. 167 – 170; Tanner, Baumwollenfabrik, S. 52 – 54; Bodmer, Walter: Die Entwicklung der Schweizerischen Textilwirtschaft im Rahmen der übrigen Industrien und Wirtschaftszweige. Zürich 1960, S. 228f; zu den einzelnen Phasen der Ausbreitung der Baumwolle sowie dem Haushalt als Produktionszentrum dieser frühen Industrialisierung vgl. Tanner, Baumwollenfabrik, S. 54 – 56; zu Bevölkerungszahlen und demographischen Verhalten vgl. Körner, Martin: Die Schweiz 1650 – 1850 In: Mieck, Ilja (Hrsg.): Europäische Wirtschafts- und Sozialgeschichte von der Mitte des 17. Jahrhunderts bis zur Mitte des 19. Jahrhunderts. Stuttgart 1993, S. 589 – 617, hier S. 596 – 598

[48] Vgl. Lebensgeschichte und Natürliche Ebentheuer des Armen Mannes im Tockenburg. Herausgegeben von H.H. Füßli. In: Ulrich Bräker. Sämtliche Schriften. Bd. IV. Lebensgeschichte und vermischte Schriften. München 2000, S. 355 – 402; Böning, Ulrich Bräker, S. 9 – 16.

[49] Unter Pietismus versteht man eine religiöse Erneuerungs- und Frömmigkeitsbewegung des Protestantismus seit dem 17. Jahrhundert. Das Wesen der Religion sah der Pietismus im Gefühlserlebnis und forderte eine Vertiefung in die Bibel. Durch die Betonung eines allgemeinen Priestertums hatte der Pietismus eine Neigung zum Separatismus. Zum Pietismus allgemein vgl. Jung, Martin H.: Pietismus. Frankfurt am Main 2005; zur Ausbreitung des Pietismus in der Schweiz vgl. Jung, Pietismus, S. 32 – 36; zum Pietismus im Toggenburg vgl. Voellmy, Daniel Girtanner, S. 11f. und S. 75; zu der weitverbreiteten pietistischen Erbauungsliteratur in der Gegend von St. Gallen vgl. Baumann, Max: Alltag und Kultur. In: Wissenschaftliche Kommission der Sankt-Galler Kantonsgeschichte (Hrsg.): Sankt Galler Geschichte. Bd. 4 (Frühe Neuzeit: Bevölkerung, Kultur). St. Gallen 2003, S. 44 – 94, hier S. 78.

schon früh zu pietistischen Zusammenkünften mit. Auf diesen Treffen wurde er von der Vorstellung geprägt, dass jeder Mensch selbst vor seinem Gott verantwortlich sei. Seine daraus erwachsene Praxis der Selbstprüfung wird vor allem in den frühen Tagebüchern sichtbar.[50]

In Bräkers Jugendjahre fällt auch seine erste selbstständige ökonomische Tätigkeit. Im Jahr 1747, im Alter von zwölf Jahren, erhielt er vom Vater auf eigenen Wunsch ein Stück Land, um etwas Landwirtschaft zu betreiben. Bräker freute sich über die Aufnahme dieser Tätigkeit und arbeitete motiviert jeden Tag nach Feierabend bis in die Nacht hinein. Allerdings hatte er kein Glück dabei. Die jungen Samen auf seinem Land wurden von Kühen gefressen und das Brennholz ließ sich nicht verkaufen. Nach kurzer Zeit gab er das Land dann wieder an seinen Vater zurück. Seine erste eigenökonomische Aktivität war wenig erfolgreich.[51]

Nach seiner Rückkehr von der preußischen Armee arbeitete er zunächst wieder als Salpetersieder und kämmte nach Arbeitsschluss Baumwolle. Schon während dieser Zeit wurde deutlich, dass ihm Materialismus und Nützlichkeitsdenken fern lagen: Bei der Wahl einer möglichen Frau würden für ihn, gemäß seiner Aufzeichnungen, wirtschaftliche Faktoren überhaupt keine Rolle spielen. So schrieb er: *„Ein Mädchen, ganz nach meinem Herzen, hätt´ ich nackend genommen."*[52]

Ulrich Bräker wuchs in einer mischökonomisch arbeitenden, kleinbäuerlichen Familie auf, deren wirtschaftliche Lage und damit soziales Milieu von großen Schulden und ständigen Geldsorgen geprägt war,. Außerdem wurde er stark pietistisch erzogen. Inwiefern die hier herausgestellten Charakteristika, erstens der pietistischen Glaubensvorstellungen und zweitens des kleinbäuerlichen Hintergrunds Folgen auf seine wirtschaftlichen Denk- und Handlungsmuster hatten, wird noch zu klären sein. Im März 1759 entschied er sich einen kleinen Garnhandel zu beginnen.

[50] Vgl. Sämtliche Schriften, Bd. IV, Lebensgeschichte, S. 374; Böning, Ulrich Bräker, S. 17.

[51] Vgl. Sämtliche Schriften, Bd. IV, Lebensgeschichte, S. 389 – 391.

[52] Ebenda, S. 472.

1.2 Beginn als Verleger (1759 – 1769)

In seiner »Lebensgeschichte« beschrieb Ulrich Bräker die Entscheidung zur Aufnahme seiner unternehmerischen Tätigkeit folgendermaßen:

> „Einst ließ sie [gemeint ist seine Frau] sich gegen mir heraus, daß ihr meine dreckeligte Handthierung mit dem Salpetersieden gar nicht gefalle; und mir war´s selber so. Sie rieth mir darum, ein kleines Händelchen mit Baumwollengarn anzufangen, wie´s ihr Schwager W. gethan, dem´s auch nicht übel gelungen. Das leuchtete mir so ziemlich ein. Aber, wo´s Geld hernehmen? War meine erste und letzte Frage. [...] Nun gieng´ ich mit meinem Vater zu Rath; II der hatte ebenfalls nichts dawieder, und verschafte mir 100. fl."[53]

In seinen Aufzeichnungen erwähnte der Protagonist nichts davon, dass er sich, abgesehen von dem positiven Beispiel seines Schwagers, genauer über Erfolgschancen bzw. Absatzmöglichkeiten und mögliche Geschäftsverbindungen informiert hatte. Man kann demnach sehen, dass Bräker seine wirtschaftliche Tätigkeit recht leichtfertig begann. Das sehr geringe und dazu nur geliehene Anfangskapital versuchte er zu Beginn sehr oft umzusetzen, um es auf diese Weise zu vermehren. Schon zu Beginn seiner wirtschaftlichen Tätigkeit nahm er Schulden auf.

Am 5. April ging der Verleger mit seinem Garn zum erstenmal nach St. Gallen auf den Markt und konnte es mit recht gutem Gewinn absetzen. Kurz darauf machte er auch zum erstenmal Geschäfte mit seinem späteren langjährigen Handelspartner Heinrich Hartmann (1720/30 - 1800) von der Baumwollhandelsgesellschaft »Hartmann und Grob jünger« aus Kappel. Von diesem kaufte er für 76 Pfund (152 Gulden) Baumwollgarn ein.[54] Ulrich Bräker kommentierte dies mit den Worten:

---

[53] Ebenda, S. 474f; Um generell, die in dieser Arbeit genannten Geldbeträge in Relation zu ihrem Wert setzen zu können, finden sich bei Böning Angaben zu den durchschnittlichen Löhnen und Preisen im Toggenburg zu Lebzeiten Bräkers. Vgl. Böning, Ulrich Bräker, S. 69f.

[54] Vgl. Sämtliche Schriften, Bd. IV, Lebensgeschichte, S. 475

„ward nun in aller Form ein Garnjuwelier, und bildete mir schon mehr ein, als der Pfifferling werth war. [...] Doch betrug mein Vorschlag in diesem Jahr nicht über 12 fl. Aber das deuchte mir damals schon ein Grosses."[55]

Diese aus der Retrospektive getroffenen Äußerungen zeugen von einer schnellen Zufriedenheit und Selbstüberschätzung des »jungen« Bräkers. Es zeigte sich bei ihm demnach auch kein Bewusstsein dafür, dass sein anfänglicher Erfolg mit einer generell gut laufenden Konjunktur in Zusammenhang stehen könnte. Denn die konjunkturellen Bedingungen im Baumwollgewerbe waren bis Mitte der 1760er Jahren sehr gut, und begünstigten somit Bräkers anfänglichen Gewinn.[56] Die makroökonomischen Voraussetzungen sein Handelskapital zu vergrößern und seinen Handel zu konsolidieren, waren Bräker gegeben. Hierzu schrieb er rückblickend: *„Mit meinem Bauelgewerb wär´s mir um diese Zeit gewiß recht gut gegangen wenn ich ihn nur besser verstanden, und mehr Geld und Zeit darein zu setzen gehabt hätte."*[57] Neben den Anfangsproblemen, sprich mangelhafter Kenntnisse des Baumwollgewerbes sowie Kapitalknappheit, wird hier ein weiteres Defizit von Bräkers wirtschaftlichem Handeln jener Zeit deutlich: Die fehlende Konzentration auf seinen Handel.

Trotz der guten Konjunktur wurde die Situation für den Protagonisten kritisch, als einer seiner Gläubiger die sofortige Tilgung seiner Schulden verlangte. Um wen es sich dabei handelte geht aus den Aufzeichnungen nicht hervor. Es ging um die Summe von 120 fl. Daraufhin schickte Ulrich Bräker seine gesamten Garnbestände nach St. Gallen, um diese dort, notfalls unter Wert, zu verkaufen. Auf diese Weise wollte er seine Schulden bezahlen. In St.Gallen wurde das Garn allerdings beschlagnahmt, da es nicht dem von der städtischen Zunft vorgeschriebenen Längenmaß entsprach. Am Ende gelang es ihm gemeinsam mit seinem Vater einen Kredit aufzunehmen und so seine Schulden zu tilgen. Wegen des Verstoßes gegen die Zunftvorschriften musste sich Bräker aber persönlich dem Zunftmeister stellen. Er kam mit einer Strafe

[55] Ebenda.

[56] Vgl. Braun, Ancien Régime, S. 139.

[57] Sämtliche Schriften, Bd. IV, Lebensgeschichte, S., S. 477.

von 15 fl. davon.[58] Fehlende nötige Kenntnisse über die zünftischen Marktvorschriften hätten für den Verleger beinahe den Konkurs bedeutet. So blieb es bei einem finanziellen Schaden. An dieser Episode wird deutlich, dass Bräker nicht über die nötige Informationsgrundlage hinsichtlich seines Gewerbes verfügte.

Ein weiterer Faktor belastete sein wirtschaftliches Handeln zu dieser Zeit schwer: Im Gegensatz zu Bräker selbst, mochte seine zukünftige Frau Salome Ambühl nicht zur Miete wohnen und verlangte von ihm als Voraussetzung für die Hochzeit den Bau eines Hauses. Um den Hausbau realisieren zu können, musste er 1760/61 einen Kredit über insgesamt 1000 fl. aufnehmen.[59] Diese enorme Verschuldung wirkte sich nachteilig auf seinen, von Kapitalknappheit geprägten Garnhandel, aus. Es hätte eher einer ökonomischen Rationalität entsprochen, den vorhandenen Kredit in seinen Verlag zu investieren. Zudem kostete der Hausbau auch Zeit, was für seine verlegerische Tätigkeit obendrein einen Nachteil bedeutete.[60] Dass Bräker sich zum Bau eines eigenen Hauses entschloss war allerdings für die ländlichen Gewerbetreibenden nichts Ungewöhnliches. Vielmehr lässt sich bei dieser Sozialschicht eine generelle Tendenz zum Hausbau im Gegensatz zum Landerwerb feststellen, auch wenn Investitionen in landwirtschaftliche Ressourcen für eine Subsistenabsicherung von Vorteil gewesen wären.[61]

In den 1760er Jahren hielt Bräker neben einigen Ziegen auch bis zu 3 Kühen. Außerdem pflanzte er Kartoffeln und Gemüse auf einer Allmende an.[62] Diese Mischökonomie betrieb er bis an sein Lebensende. Nach dem Tod seines Vaters im Jahr 1761 richtete er in seinem eigenen Haus außerdem einen Webkeller ein und lernte daraufhin auch selbst weben.[63]

Gegen Ende der 1760er Jahre überließ der Protagonist den Garnhandel seiner Frau. Er selbst hingegen übernahm einen Handel mit Baumwolltüchern.

[58] Vgl. ebenda, S. 478f.

[59] Vgl. ebenda, S. 475 – 479.

[60] Vgl. auch Tanner, Baumwollenfabrik, S. 58f.

[61] Vgl. Medick, Familienwirtschaft, S. 111.

[62] Vgl. Sämtliche Schriften, Bd. IV, Lebensgeschichte, S. 484.

[63] Vgl. ebenda, S. 482f.

Interessant ist die Begründung für die Aufnahme des Tuchhandels: *„Ich glaubte halt, vor meine Haut und mein Temperament mit den Webern besser als mit den Spinnern auskommen zu können"*.[64] Eine aus ökonomischer Perspektive nur schwer nachvollziehbare Begründung. Allerdings scheint es einleuchtend zu sein, dass der Protagonist, durch seine zu Beginn der 60er Jahre erworbenen Kenntnisse vom Weben, weniger anfällig für Betrügereien der Heimarbeiter in Bezug auf die Qualität der Produkte war. Allerdings begannen nun die ersten großen wirtschaftlichen Probleme seines jungen Verlages. Zu den großen Anlaufschwierigkeiten gesellte sich ein konjunkturell bedingter Preisverfall im Baumwollgewerbe.[65]

Insgesamt gelang es Ulrich Bräker in den 1760er Jahren den Handel mit Baumwollgarn relativ zu konsolidieren sowie einen Webereiverlag zu gründen. Zudem besaß er in der Handelsgesellschaft Hartmann und Grob einen zuverlässigen Handelspartner. Als schweren ökonomischen Fehler kann man den Bau des Hauses und die damit einhergehende starke Verschuldung erkennen. Gerade in der Gründungsphase seines Verlages wären mehr Liquidität sowie ein geringerer Schuldenstand geschäftsfördernd gewesen. Zudem hätten bessere Kenntnisse vom Baumwollgewerbe und eine bessere Konzentration auf seine Geschäfte zu größerem wirtschaftlichen Erfolg geführt. Bräker kommentierte rückblickend in einem Tagebucheintrag diese Phase seiner wirtschaftlichen Tätigkeit folgendermaßen:

> „in den 60er jahren wäre dieser handel recht gut gewesen - viele andere haten dazumahl ein schönes vermögen erworben - aber ich hate noch zuwennig kentnuß davon - war auch ohne ruhm, zu ehrlich - zudem betrieb ich mein händelchen nur als ein nebendsächel [...] schwadronierte mit meinen geisteskräfften in denn lüfften"[66]

[64] Ebenda, S. 486.

[65] Vgl. ebenda.

[66] Vgl. Sämtliche Schriften, Bd. III, Tagebücher, S. 492.

1.3 Krisenjahre (1770 - 72)

Die wirtschaftliche Rezessionsphase seit etwa Mitte der 60er Jahre erreichte ihren Höhepunkt 1770/71. Verheerende Hagelschläge in den Jahren 1768, 1769 und 1770 führten zu Missernten, Teuerungen und schließlich zu großen Hungersnöten in fast ganz Europa. Aufgrund der hohen Lebensmittelpreise kam es zu einer konjunkturellen Krise im Baumwollgewerbe. Dies vor allem deshalb, weil wegen der teuren Lebensmittelpreise die Nachfrage für Textilprodukte in den städtischen Zentren, den traditionellen Absatzmärkten, rapide sank. Diese akuten allgemeinen Krisenerscheinungen führten zu einem starken Lohn- und Preisverfall im Baumwollgewerbe. Die wirtschaftliche Depression hielt allerdings nicht sehr lange an, so dass die Löhne und Preise schon 1772 wieder das frühere Niveau erreichten.[67]

Auch Ulrich Bräker trafen diese Umstände hart. Weiterhin bedrückten ihn seine Schulden und der Druck der Gläubiger, während seine eigenen Schuldner ihre Rückstände nicht bezahlten.[68] Bräker führte in seinen Tagebuchaufzeichnungen detailliert Buch über die Entwicklung der Preise und Löhne. Aus diesen Aufzeichnungen geht hervor, dass sich zwischen 1760 und 1770 die Preise verdoppelt bis vervierfacht hatten, während der Verdienst sich dagegen halbiert hatte.[69]

Im Dezember 1771 benötigte der Verleger, um überhaupt das Fortbestehen seines Handels sichern zu können, den Betrag von 100 fl. Trotz einiger Probleme gelang es ihm, diese Summe aufzutreiben.[70] Ulrich Bräker erhielt also auch in diesen wirtschaftlich schweren Zeiten, in welchen aufgrund der allgemeinen wirtschaftlichen Krisenerscheinungen eine enorme Geldknappheit vorherrschte, weiterhin Darlehen gewährt. Auf dieses Phänomen wird in der Analyse (unter Punkt 2.3) noch genauer eingegangen. Bräker gab zu dieser

---

[67] Vgl. Bodmer, Entwicklung der Schweizerischen Textilwirtschaft, S. 221; Böning, Revolution in der Schweiz, S. 40f.; Braun, Ancien Régime, S. 139.

[68] Vgl. Sämtliche Schriften, Bd. I, Tagebücher, S. 238.

[69] Vgl. ebenda, S. 258f.

[70] Vgl. ebenda, S. 374.

Zeit seinen Webereiverlag auf. Es gelang ihm aber seinen Garnhandel aufrechtzuerhalten.[71]
Ein wichtiger Faktor für die Bewältigung der Krise könnten, neben der anhaltenden Kreditwürdigkeit, seine mischökonomischen Verhältnisse gewesen sein. Zwar musste er 1770 die Ziegen und seine zwei Kühe verkaufen, doch baute er weiterhin Kartoffeln an und wurde dafür im Oktober 1771 mit einer reichen Ernte belohnt.[72] Im selben Jahr erwarb er über einen Kredit wieder ein paar Ziegen und eine Kuh.[73] Zudem fertigte er für die zahlreichen Hunger- und Krankheitsopfer, welche die Krise auch in Bräkers Umgebung forderte, Särge an.[74] Wie hoch der Verdienst aus dieser Nebentätigkeit lag, wurde nicht überliefert. Dieser dürfte aber nicht allzu hoch gewesen sein.[75]
Ab 1772 gingen die Geschäfte wieder besser. Bräker kommentierte das mit folgenden Worten: *„meine handthierung hat sich vermehret, meine nahrung ist gesegnet, der gewün ist beser, das vertrauen hat gewachsen"*. Zum erstenmal seit Jahren ging er im November wieder nach St. Gallen auf den Markt und konnte dort mit gutem Gewinn einige Pfund Garn absetzen.[76]
Ulrich Bräker hatte die Krisenjahre demnach relativ gut überstanden. Er und seine Familie litten, nach eigenen Aussagen, im Gegensatz zu vielen anderen Familien kaum Hunger. Allerdings starben zwei seiner Kinder an der Ruhr, einer Darminfektionskrankheit, welche oft im Zusammenhang mit Mangelernährung vorkommt.[77] Inwiefern hier also seine eigenen Aussagen den tatsächlichen Verhältnissen entsprachen, lässt sich nicht eindeutig belegen.

---

[71] Vgl. Sämtliche Schriften, Bd. IV, Lebensgeschichte, S. 486 – 490.

[72] Vgl. Sämtliche Schriften, Bd. I, Tagebücher, S. 362; Sämtliche Schriften, Bd. IV, Lebensgeschichte, S. 489.

[73] Vgl. Sämtliche Schriften, Bd. IV, Lebensgeschichte, S. 490.

[74] Vgl. Sämtliche Schriften, Bd. I, Tagebücher, S. 387.

[75] Vgl. Sämtliche Schriften, Bd. IV, Lebensgeschichte, S. 487.

[76] Vgl. Sämtliche Schriften, Bd. I, Tagebücher, S. , S. 452, Zitat ebenda.

[77] Vgl. Sämtliche Schriften, Bd. IV, Lebensgeschichte, S. 489 – 494; Sämtliche Schriften, Bd. I, Tagebücher, S. 383.

1.4 Wirtschaftlicher Aufschwung (1773 - 1785)

Zwischen 1773 und 1777 gelang es Bräker seine Schuldenlast um ein paar Hundert Gulden zu verringern. Leider ist vom Protagonisten der genaue Schuldenstand für diese Zeit nicht überliefert. Er lag aber sicher bei weit über 1000, eventuell sogar bei über 2000 fl. Obwohl die Gesamtsituation sich eigentlich entspannt hatte, bekam der Verleger nun Probleme mit seinem zum damaligen Zeitpunkt größten Gläubiger, der überraschend eine sofortige Begleichung der Schulden forderte. Um wen es sich handelte, erwähnte Bräker nicht. Diese Probleme verursachten bei ihm Ängste vor einem möglichen Bankrott. Allerdings gelang es ihm den Forderungen durch Umschuldung nachzukommen. Er selbst brachte seine gesunkene Kreditgläubigkeit mit dem Eintritt in die Moralische Gesellschaft im Toggenburg in Verbindung und begründete dies mit dem Neid und Misstrauen seiner dörflichen Umgebung.[78]

Ulrich Bräkers geschäftlicher Alltag sah folgendermaßen aus: Jeden Montag ging er auf den Markt nach Lichtensteig, dienstags oder mittwochs nach Herisau und zudem auch noch oft nach St. Gallen. Samstags suchte er immer seine Heimarbeiter auf, die zum größten Teil in Ganterschwil wohnten. Dazwischen bestand seine Hauptaufgabe darin, die Rohmaterialien zu beschaffen.[79]

Im Jahr 1779 erhielt der Verleger von dem Textilfabrikanten Johannes Zwicky - Stäger (25.1.1732 - ?) den Auftrag, Baumwolltücher weben zu lassen. Zunächst zögerte er aber, diese Geschäftsverbindung einzugehen, da sein Vorgänger dabei Bankrott gegangen war. Nachdem er allerdings in Erfahrung gebracht hatte, dass dieser Konkurs nicht in Zusammenhang mit Zwicky - Stägers geschäftlichem Verhalten stand, nahm er den Auftrag an. Hiermit nahm Bräker folglich den zu Beginn der 1770er Jahre aufgegebenen Tuch-

[78] Vgl. Sämtliche Schriften, Bd. I, Tagebücher, S. 736f.

[79] Vgl. auch Graber, Heinz: Einleitung. In: Ulrich Bräker: Sämtliche Schriften. Hrsg. Von Andreas Bürgi u.A. Bd. II. München/Bern 1998ff, S.VII - XXXII, hier S. XVI. Zum Wochenmarkt in Lichtensteig vgl. Müller, Armin: Lichtensteig als Markt- und Verwaltungszentrum. In: Büchler, Hans (Hrsg.): Das Toggenburg. Eine Landschaft zwischen Tradition und Fortschritt. Sulgen 1992, S. 59 – 66.

handel wieder auf. Zunächst hatte er zwar noch Probleme, genügend Spinner und Weber zu finden, doch schon bald stellte sich wirtschaftlicher Erfolg ein. Der Verdienst und damit auch die Kreditwürdigkeit stiegen. Ein Jahr später ließ er die Baumwolltuche auch auf eigene Rechnung weben.[80] Man kann bei der Aufnahme dieser Tätigkeit erkennen, dass Bräker vorsichtiger geworden war und nicht mehr so unüberlegt und leichtsinnig seine Geschäfte betrieb. Jedoch lässt sich aus seinen Tagebüchern folgern, dass er aufgrund seiner Gutmütigkeit immer noch häufig von Geschäftspartnern und Heimarbeitern ausgenutzt und betrogen wurde.[81] Diese Betrügereien waren innerhalb des Verlagssystems weit verbreitet. Allerdings wussten die meisten Verleger für gewöhnlich, wie viel Verlust der Betrug der Heimarbeiter verursachte und bestimmten deren Löhne dementsprechend.[82] Innerhalb Ulrich Bräkers Schriften lassen sich dagegen Äußerungen hinsichtlich solcher Gegenmaßnahmen nicht finden.

Ein interessantes Detail über die Größenordnung seines Handels bietet eine Episode aus dem Jahr 1782. Einem Jahr aus einer wirtschaftlich relativ erfolgreichen Etappe seines ökonomischen Lebens. Im Januar dieses Jahres befanden sich Waren und Bargeld im Wert von etwa 400 fl. in Bräkers Haus.[83] Ebenso aufschlussreich, um einen Einblick in die Kapitalbewegungen zu bekommen, ist eine Abrechnung über zwei Jahre mit Johannes Zwicky - Stäger, zu dem der Verleger das Verhältnis als freundschaftlich beschrieb. Zwischen 1780 und 1782 hatte Bräker 250 Tuche nach Glarus gesandt. Die Summe, die hierfür insgesamt zu bezahlen war, belief sich auf 1200 fl.[84] Einmal verkaufte er aber auch an einem einzigen Tag Stücke im Wert von 568 fl. (Januar 1782).[85] Die Geschäfte zu Beginn der 1780er Jahre können durchaus als umsatzstark beschrieben werden[86]

[80] Vgl. Sämtliche Schriften, Bd. IV, Lebensgeschichte, S. 509.

[81] Vgl. Sämtliche Schriften, Bd. II, Tagebücher, S. 137 sowie S. 151.

[82] Vgl. Braun, Industrialisierung und Volksleben, S. 197.

[83] Vgl. Sämtliche Schriften, Bd. II, Tagebücher , S. 251.

[84] Vgl. ebenda, S. 284.

[85] Vgl. ebenda, S. 256.

[86] Vgl. hierzu auch ebenda, S. 285f.

In diesen wirtschaftlich erfolgreichen Zeiten zeigte sich eine große Schwäche des Protagonisten: das Unvermögen sich, trotz eines immer noch enormen Schuldenstandes, zur Sparsamkeit durchzuringen. Stattdessen unternahm er teure Reisen und gab viel Geld in Wirtshäusern aus.[87]

Anfang 1783 geriet der Baumwollhandel ins Stocken. Es kam zu einem Preisverfall. Die Preise für Baumwolltücher fielen beinahe auf das Niveau der 1770er Krisenjahre. Grund hierfür waren französische Handelsrestriktionen gegenüber den Exporten aus der Schweiz.[88] Allerdings herrschte 1784 zunächst wieder kurzzeitig eine bessere Nachfrage im Baumwollgewerbe.[89]

Festzuhalten ist, dass Bräker insbesondere aufgrund seiner mangelnden Durchsetzungsfähigkeit in geschäftlichen Angelegenheiten sowie mangelnder Sparsamkeit die gute wirtschaftliche Gesamtsituation bis zu Beginn der 1780er Jahre ungenutzt ließ. Es gelang ihm nicht, schuldenfrei zu werden und damit seinen Handel auf eine solide Basis zu stellen.

Hierzu schrieb er in seiner »Lebensgeschichte«: *„wenn ich schon damals Waaren und Schulden zu Geld gemacht - alle meine Gläubiger vollkommen hätte befriedigen können."*[90]

1.5 Wirtschaftliche Probleme (1785 - 1794)

Im Jahr 1785 erließ der französische König ein Edikt, welches die Einfuhr von Baumwolle nach Frankreich vollständig verbot. Dies hatte einen starken Preisverfall im Baumwollgewerbe zur Folge und bedrohte die Schweizer Textilindustrie in ihrer Existenz. Das Handelsverbot wurde allerdings schon 1786 durch den zwischen England und Frankreich geschlossenen Handelsvertrag zum Teil wieder unwirksam. Denn die Schweizer Kaufleute konnten - zumindest diejenigen, welche Beziehungen zu England besaßen - die Baumwollwaren über diesen Umweg nach Frankreich exportieren. Zwischen 1782 und 1787 kam es zu einem Rückgang des Schweizer Exports von Baumwoll-

[87] Vgl. zum Beispiel: ebenda, S. 326 – 330 und S. 345.

[88] Vgl. ebenda, S. 359 und 369; Bergier, Die Wirtschaftsgeschichte der Schweiz, S. 360.

[89] Vgl. Sämtliche Schriften, Bd. II, Tagebücher, S. 469.

[90] Vgl. Sämtliche Schriften, Bd. IV, Lebensgeschichte, S. 511.

artikeln nach Frankreich um ca. 85 Prozent. Hier zeigte sich die starke Abhängigkeit des protoindustriellen Verlagssystems von überregionalen und internationalen Warenmärkten.[91] Bräker rechnete damit, dass der Preis für die Baumwollprodukte um die Hälfte fallen würde. Da er nicht mehr so tief in Schulden steckte, sah er seinen Handel aber dazu in der Lage, diese Krise zu überstehen. Der Preisverfall der Waren führte bei dem Verleger zu einem Verlust von etwa 200 fl. Erschwerend kam hinzu, dass die Lebensmittelpreise aufgrund von Missernten gleichzeitig stiegen und die wirtschaftliche Lage zusätzlich erschwerten. Trotzdem stand er, gemäß seiner eigenen Aussagen, im Vergleich zu vielen anderen, im Bauwollhandel tätigen Leuten, wirtschaftlich noch relativ gut da.[92]

Seit Ende der 1780er Jahre nahmen die Probleme aufgrund der konjunkturellen Situation, weiter erheblich zu. Infolge der Revolutionswirrungen und -kriege seit 1789 stockte der Absatz von Baumwollprodukten erheblich. Die Einfuhr von Rohmaterialien wurde ebenso stark behindert wie der Export der Textilprodukte. Im Garnhandel wirkte sich zudem die Konkurrenz englischen Maschinengarns negativ aus. In England war es 1779 gelungen eine leistungsfähige Spinnmaschine, die »Mule-Jenny«, zu bauen. Daher war man dort innerhalb kurzer Zeit dazu fähig, riesige Mengen Baumwollgarn für den Export zu produzieren. Ab Mitte der 1790er Jahre gelangten große Mengen dieses billigeren und qualitativ oft besseren Maschinengarns auf den Schweizer Markt.[93]

Diese für das Baumwollgewerbe krisenhaften Jahre wirkten sich auf den Handel von Ulrich Bräker negativ aus. Beispielsweise fiel im Jahr 1788 eine Jahresrechnung mit Heinrich Hartmann im Vergleich zum Vorjahr um 550 fl. schlechter aus.[94] Gerade in wirtschaftlich sehr angespannten Zeiten zeigten sich die Nachteile von Bräkers fehlender Durchsetzungskraft in Bezug auf

[91] Vgl. Bodmer, Entwicklung der Schweizerischen Textilwirtschaft, S. 229f; Bergier, Wirtschaftsgeschichte der Schweiz, S. 174f.

[92] Vgl. Sämtliche Schriften, Bd. II, Tagebücher, S. 505f.

[93] Vgl. Bodmer, Entwicklung der Schweizerischen Textilwirtschaft, S. 231; Tanner, Baumwollenfabrik, S. 60.

[94] Vgl. Sämtliche Schriften, Bd. II, Tagebücher, S. 636.

seine wirtschaftlichen Aktivitäten. So ließ er zu, dass die von ihm verlegten Weber und Spinner oft den Preis für die Rohstoffe drückten. Zudem gewährte er seinen verlegten Heimarbeitern Kredite, obwohl er selbst tief in Schulden steckte.[95] Die Folge war, dass seine Ausgaben die Einnahmen überstiegen. Er selbst kommentierte diese Situation folgendermaßen: *„das ich nicht vors handeln geschaffen bin – ohne ruhm – ich bin zugut – zu lichtgläübig – und das sol ein kauffman nicht sein"*.[96] Der Verleger erkannte also seine Fehler im Umgang mit Heimarbeitern und Geschäftsleuten durchaus.

In diesen von Preisverfall, Absatzschwierigkeiten und teuren Lebensmitteln geprägten Jahren, tat sich Bräker eine neue Einnahmequelle auf. 1789 wurde von dem Züricher Verleger Johann Heinrich Füssli (1745 - 1832), dem Leiter der Verlagsbuchhandlung Orell, Gessner, Füssli und Co, Bräkers »Lebensgeschichte« veröffentlicht. Insgesamt erhielt Bräker hierfür zwischen 1788 und 1790 eine Summe von 200 fl. Doch neben dem reinen Verdienst hatte diese Nebentätigkeit noch einen weiteren wirtschaftlichen Vorteil für den Verleger. Die Nebentätigkeit als Schriftsteller stärkte seine Kreditwürdigkeit, was wiederum für seinen Handel wichtig war. Nun betrachtete er sein Schreiben auch unter einem ökonomischen Gesichtspunkt und als wichtige Nebenerwerbsquelle. Allerdings gelang es ihm in den folgenden Jahren, trotz großer Bemühungen, nicht mehr, Ausschnitte aus seinen Tagebüchern zu veröffentlichen.[97]

Im Jahr 1792 baute Bräker für seinen Sohn und dessen Frau eine Wohnung an sein eigenes Haus an. Er hatte hierfür mit Kosten von etwa 300 fl. gerechnet. Am Ende beliefen sich die Ausgaben auf 600 bis 700 fl.[98] Hierin zeigt sich seine mangelnde Fähigkeit genau zu kalkulieren. Obwohl der Handel schlecht ging, investierte der Verleger eine enorme Summe im privaten Bereich.

---

[95] Vgl. Sämtliche Schriften, Bd. III, Tagebücher, S. 11f.

[96] Ebenda, S. 11.

[97] Vgl. Sämtliche Schriften, Bd. II, Tagebücher, S. 729f.; Sämtliche Schriften, Bd. III, Tagebücher, S. 272 und S. 387; Sämtliche Schriften, Bd. IV, Briefe, S. 587 und 601.

[98] Vgl. Sämtliche Schriften, Bd. III, Tagebücher, S. 387 – 389; S. 415; S. 613.

Im Januar 1793 verlor der Protagonist einen wichtigen Auftraggeber für seinen Webereiverlag. Es kann nur vermutet werden, dass es sich dabei um die Handelsgesellschaft »Hartmann und Grob jünger« handelte, da weder Grob noch Hartmann in der Folgezeit hinsichtlich geschäftlicher Angelegenheiten innerhalb der Aufzeichnungen nochmals erwähnt wurden. Dem Protagonisten gelang es, diese ökonomisch prekäre Situation durch Kredite von langjährigen Freunden zu überbrücken.[99]

Aufgrund der schlechten Witterung stiegen die Lebensmittelpreise. Das schlechte Wetter sorgte zudem für einen geringeren Ertrag aus seiner landwirtschaftlichen Nebentätigkeit.[100] Im Oktober brach der Verleger zu einer insgesamt 19 tätigen Reise über Zürich bis nach Bern auf, um dort auf den Märkten und Messen seine Waren abzusetzen. Dies war allerdings nicht von großem Erfolg gekrönt.[101]

Im Jahr 1793 verlegte Bräker einige Spinner sowie sechs Weber. Diese Angaben sind die einzigen, welche einen Einblick in die Größenordnung seines Verlages gewähren.[102] Dabei handelte es sich um eine geringe Anzahl an Heimarbeitern, so dass man von Bräker zumindest für diese Phase seiner wirtschaftlichen Tätigkeit von einem Kleinverleger sprechen muss.[103] Wegen der aussichtslosen Situation im Handel wendete sich der Verleger 1794 einem neuen Gewerbezweig, der Stoffdruckerei, zu. Seinen Handel mit Baumwollwaren betrieb er weiterhin.

1.6 Von der Gründung der Fabrik (1794) bis zum wirtschaftlichen Bankrott (1798)

Aufgrund der schlechten Zeiten im Baumwollhandel hatte Bräker schon seit längerer Zeit die Notwendigkeit gesehen, sich nach einer anderen Tätigkeit umzusehen. Allein durch den Handel schien ihm das wirtschaftliche Überle-

---

[99] Vgl. ebenda, S. 403f.

[100] Vgl. ebenda, S. 443.

[101] Vgl. ebenda, S. 456 – 488.

[102] Vgl. ebenda, S. 484.

[103] Vgl. Tanner, Baumwollenfabrik, S. 57.

ben nicht gesichert. Die Indienne-Druckerei weckte bei ihm besonderes Interesse. Die zwei einzigen Fabriken dieser Art in der Region konnten erheblichen ökonomischen Erfolg aufweisen. Die Verdienstmöglichkeiten in diesem Gewerbe waren hoch. Seine fehlenden Kenntnisse in diesem Gewerbezweig versuchte er, durch die Mitarbeit seines Schwiegersohnes Johannes Zwicky (1759 - 1845) auszugleichen. Dieser hatte bereits über zwölf Jahre Berufserfahrung in der Tuchdruckerei vorzuweisen. Im Februar 1794 mietete Ulrich Bräker eine Haushälfte in der Nähe von Lichtensteig für den Zeitraum von vier Jahren und richtete dort seine Fabrik ein. Es wurden erhebliche Ausgaben für das, für die Druckerei benötigte Gerät fällig.[104]

Aus ökonomischer Perspektive lässt sich sein Entschluss, eine Fabrik zu gründen, unterschiedlich beurteilen. Aufgrund der großen Nachfrage nach bedruckten Tüchern, hatte der Baumwolldruck beinahe in der ganzen Schweiz großen Erfolg. Allerdings fasste er in jenen Gegenden, wo die Tuche selbst produziert wurden, nur mäßig Fuß. Auch die Gegenden um Herisau, St. Gallen und Glarus waren davon betroffen.[105] Wenn Bräker sich über den Erfolg der ansässigen Fabriken informiert hatten, entsprach dies zumindest partiell einer ökonomischen Denkart. Zu bedenken wäre, dass durch die vorhandenen Kapazitäten, der in dieser Gegend bestehende Absatzmarkt eventuell aber schon gesättigt war. Inwiefern der Protagonist Auskünfte über die konkreten Absatzmöglichkeiten sowie mögliche Geschäftsverbindungen eingeholt hatte, geht aus den Aufzeichnungen nicht hervor. Ulrich Bräker war sich im Gegensatz zu früheren Zeiten seiner mangelnden Kenntnisse hinsichtlich dieser neuen Tätigkeit bewusst. Durch die Hinzunahme fachlicher Kompetenz und Erfahrung in Person seines Schwiegersohnes schien er seine Erfolgschancen erhöht zu haben.

[104] Vgl. Sämtliche Schriften, Bd. III, Tagebücher, S. 500f.; Sämtliche Schriften, Bd. IV, Briefe, S. 626f; zu den Verdienstmöglichkeiten als Indiennedrucker vgl. Pfister, Ulrich: Die protoindustrielle Hauswirtschaft im Kanton Zürich des 17. und 18. Jahrhunderts. In: Petzina, Dietmar: Zur Geschichte der Ökonomik der Privathaushalte. Berlin 1991, S. 71 – 108, hier S. 74.

[105] Vgl. Bergier, Wirtschaftsgeschichte der Schweiz, S. 174.

Dennoch gelang es ihm nicht, mit der Fabrik ökonomisch erfolgreich zu sein. Die hohen Ausgaben, sie beliefen sich insgesamt auf rund 700 fl.[106], und der große Arbeitsaufwand stellten sich als unrentabel dar. Der Ertrag blieb sehr gering. Die neu gegründete Fabrik konnte sich nicht gegen die größeren Konkurrenzwerke durchsetzen. Anstatt ihn von der Schuldenlast zu befreien stürzte die Fabrik Bräker in noch tiefere Schulden. Er selbst kommentierte das in einem Brief an seine Gläubiger mit folgenden Worten:

> "jin diesem moment kam mir der antrag - eine jindianen fabrike - oder druckerei über mich zunehmen, um nun mir wieder aus den schulden heraus zuhelfen stekte mich noch tieffer hinein - ließe mich also überreden die drukerei über mich zunehmen - schon ich kein verstand davon hate - theils will ich viel von diesem gewerb hielt - theils auch weil mann mir sozusagen goldene berge versprach - (o thäuschung) so nehrte ich die gute hoffnung - bott allen meinen kräfften auf, um gelt zubekomen - und diese handthierung einzurichten - alles was dazugehört anzuschaffen - es gelang mir [...] da stekt nun das gelt in der fabrike angeandt, ohne alle hoffnung, dasselbe iemahls heraus zukriegen"[107]

In den folgenden Jahren wurden die wirtschaftlichen Schwierigkeiten immer größer. Zudem stiegen die Lebensmittelpreise an. Seine Angst vor einem drohenden Bankrott zeigte sich auch darin, dass er immer melancholischer wurde und schon tagsüber seine Sorgen durch Alkohol zu verdrängen versuchte.[108]

In diesen schweren Zeiten kam es auch zur Isolierung von seinen ehemaligen Freunden. Der einzige der weiterhin fest zu ihm zu halten schien, war Daniel Girtanner, der ihm auch bis zum Ende seines Lebens immer wieder Schulden erließ und neue Kredite gewährte.[109]

1798 entschied sich Bräker dazu, sein Haus zu verlassen und bei seinen Gläubigern Konkurs anzumelden. Hierzu verfasste er ein *„circular an alle meine herren creditoren"*, in welchem er sein gesamtes Soll und Haben auflistete.

[106] Sämtliche Schriften, Bd. III, Tagebücher, S. 613.

[107] Ebenda, S. 734f.

[108] Vgl. ebenda, S. 513, S. 535 und S. 592f.

[109] Vgl. ebenda, S. 625 und S. 774f; zur Freundschaft zwischen Bräker und Girtanner vgl. Voellmy, Daniel Girtanner, vor allem S. 134 – 137.

Dem Wert des Besitzes sowie einiger ausstehender Darlehen im Wert von etwa 1900 fl. standen Schulden in Höhe von 2589 fl. gegenüber. Aus dieser Rechnung ergab sich für ihn ein Minus von 689 fl.[110] Zwar verlor er seinen Besitz an die Gläubiger, konnte aber nach Verhandlungen mit ihnen bis zu seinem Tod 1798 in seinem Haus wohnen bleiben.[111]

2. Analyse

2.1 Ulrich Bräkers ökonomische Kenntnisse

Ein entscheidendes Kriterium zur Bewertung Ulrich Bräkers in seinem Handeln als Verleger besteht in der Frage, ob er über ausreichendes ökonomisches Wissen hinsichtlich seines Gewerbes verfügte. In Bezug zum zweiten Kapitel ist daher zu analysieren, ob er ausreichende Kenntnisse über Produkte und Produktionsverfahren, Marktvorschriften und Absatzmärkte besaß. Außerdem wird untersucht, wie und auf welche Weise er über seine wirtschaftlichen Aktivitäten Buch führte. Bräkers Buchführung wurde bisher in der Forschungsliteratur noch nicht näher thematisiert. Eine solche Analyse kann aber zur Untersuchung einer möglichen Rationalität des Protagonisten im wirtschaftlichen Handeln von Bedeutung sein.[112]

Wie bereits erwähnt kann aus den Tagebuchaufzeichnungen des Verlegers gefolgert werden, dass dieser nicht in allen Bereichen über genügend Kenntnisse hinsichtlich seines Handels verfügte. Er ließ sich beispielsweise häufig von seinen Spinnern und Webern in Bezug auf Produkte und Produktqualität betrügen. Diese Anfälligkeit des Protagonisten für Betrügereien seiner Heimarbeiter lässt sich aber nicht nur durch seine Unkenntnisse erklären, eine ebenso wichtige Rolle spielte seine generelle Vertrauensseligkeit den Mit-

[110] Vgl. Sämtliche Schriften, Bd. III, Tagebücher, S. 733 – 736.

[111] Vgl. ebenda, 749f; Sämtliche Schriften, Bd. IV, Briefe, S. 641f.

[112] Sombart als auch Weber bezeichneten ein auf der doppelten Buchführung basierendes Rechnungswesen als bedeutendes Charakteristikum kapitalistisch-rationaler Wirtschaftsweise. Vgl. Gorißen, Handelshaus, S. 333.

menschen gegenüber.[113] Aber auch über die vorherrschenden Marktvorschriften war Bräker nicht immer ausreichend informiert.[114] Inwiefern er dagegen ausreichende Kenntnisse von den bestehenden Absatzmärkten hatte, geht aus seinen Schriften nicht eindeutig hervor. Zumindest verfügte er, beinahe über die gesamte Zeit seiner Verlagstätigkeit, über stabile und verlässliche Geschäftsverbindungen.

Im 18. Jahrhundert erschienen zahlreiche Kaufmannshandbücher, in welchen die Autoren die Technik der Buchführung detailliert beschrieben. Hierbei forderten sie unter anderem einen jährlichen Abschluss der Rechnungen, das jährliche Erstellen von Bilanzen und Inventaren sowie das Aufstellen einer separaten Gewinn- und Verlustrechnung.[115] Da von Bräker keine geschäftlichen Rechnungsbücher oder ähnliche Dokumente aus dem wirtschaftlichen Alltag vorliegen, muss man sich bei der Untersuchung seiner Buchführungspraxis auf Aussagen innerhalb seiner Schriften stützen. Wie in Kapitel IV. bereits angesprochen, zwangen den Protagonisten seine geschäftlichen Verbindungen mit dem Textilfabrikanten Johannes Zwicky - Stäger und dem Handelshaus »Hartmann und Grob jünger« dazu, jährliche Abschlussrechnungen durchzuführen. Auch andere Aussagen lassen auf ein recht differenziertes Rechnungswesen des Verlegers schließen. So schrieb er beispielsweise im Januar 1788:

> „heüffige marktgeschäffte garn paken und versenden - und wieder anders kauffen. Stuke verkauffen - bauel kauffen - gelt ausgeben - gelt borgen. rc. Das sind freylich auch meine angelegenheiten - vor die ich, vor ieden artikel ein eigen büchel zum aufzeichnen habe".[116]

[113] Vgl. unter anderem Sämtliche Schriften, Bd. II, Tagebücher, S. 98, S. 151 und S. 575; Sämtliche Schriften, Bd. III, Tagebücher, S. 170f.; Sämtliche Schriften, Bd. IV, Lebensgeschichte, S. 484.

[114] Vgl. Sämtliche Schriften, Bd. IV, Lebensgeschichte, S. 478f.

[115] Vgl. Gorißen, Handelshaus, S. 333f.; ein kurzer Überblick über die Geschichte der Buchführung findet sich bei Walter, Rolf. Einführung in die Wirtschafts- und Sozialgeschichte. München/Wien/Zürich 1994, S. 226 – 228.

[116] Sämtliche Schriften, Bd. II, Tagebücher, S. 639.

Anhand dieser Textstelle zeigt sich, dass der Verleger sorgfältig Buch über *„ieden artikel"* führte. Es lässt sich von daher annehmen, dass er ein ausführliches Inventar über seine Sachbestände besaß. Zudem wurde anhand seiner Aufzeichnungen deutlich, dass Bräker schon zu Beginn seiner Verlagstätigkeit am Ende eines Jahres konkrete Aussagen in Bezug auf den jährlichen Verlust bzw. den jährlichen Gewinn treffen konnte.[117] Seine Praxis der Buchführung beinhaltete folglich jährliche Abschlussrechnungen, welche den Verlust bzw. den Gewinn des jeweiligen Jahres offen legten. Inwiefern diese Gewinn- und Verlustrechnungen ausdifferenziert waren, sprich ob aus ihnen hervorging, welche Geschäfte er mit Gewinn bzw. mit Verlust abgeschlossen hatte, kann aufgrund der Quellenlage nicht beurteilt werden. Gleiches gilt für die Frage, ob in den jährlichen Abschlüssen auch Sachbestände berücksichtigt wurden und ob er Außenstände und Schulden in die jährlichen Gewinn- und Verlustrechnungen mit einbezog. Nur so wäre ein wirklicher Überblick über die Entwicklung seines Geschäfts möglich gewesen. Dieser Einschränkungen aufgrund des Quellenkorpus muss man sich bewusst sein.

Dennoch lässt sich von der Art der Buchführung auf ein gewisse ökonomisches Kalkül Ulrich Bräkers schließen. Durch das Anfertigen von Jahresabschlussberichten verfolgte er zumindest die Absicht, den ökonomischen Erfolg bzw. Misserfolg seiner verlegerischen Tätigkeiten deutlich zu machen. Diese Bilanzkontrolle geschah zudem durch einen Vergleich des Jahressaldos mit dem des Vorjahres.[118]

Im Folgenden wird der Buchbesitz bzw. die Lektüre des Protagonisten unter der Fragestellung untersucht, ob dieser sich mit der ökonomischen Ratgeberliteratur der Zeit beschäftigte.[119] Es geht dabei darum, herauszufinden, ob der Buchbesitz bzw. die Lektüre Ulrich Bräkers Rückschlüsse auf mögliches öko-

---

[117] Vgl. ebenda, S. 475.

[118] Vgl. Sämtliche Schriften, Bd. II, Tagebücher, S. 636.

[119] Zur ökonomischen Ratgeberliteratur des 18. Jahrhunderts vgl. Hilger, Marie-Elisabeth: Der Wandel des Verständnisses von Haushalten im 18. Jahrhundert. In: Irmintraut, Richarz (Hrsg.): Haushalten in Geschichte und Gegenwart. Beiträge eines internationalen disziplinübergreifenden Symposions an der Universität Münster 6. – 8. Oktober 1993. Göttingen 1994, S. 125 – 137, hier S. 125f.

nomisches Wissen geben können. Dabei muss man sich einer gewissen Mutmaßlichkeit der Aussagen immer bewusst sein. Zudem wird einschränkend betont, dass keine vollständige Übersicht über den Buchbesitz bzw. die Lektüre Bräkers vorliegt. Deshalb kann man sich in einer solchen Untersuchung lediglich einerseits auf seine Aussagen innerhalb der Aufzeichnungen und anderseits auf den Bibliotheksbestand der Moralischen Gesellschaft stützen.

Im Gegensatz zu der Zeit davor, begann der Protagonist spätestens ab dem Jahr 1775 andere als nur erbauliche und religiöse Literatur zu lesen. Zum Beispiel erwähnt er Hans Caspar Hirzels »Die Wirtschaft eines philosophischen Bauern«.[120] Diese Schrift behandelte hauptsächlich innovative, auf den Ideen der Volksaufklärer basierende Vorschläge zum landwirtschaftlichen Anbau. Dieses Buch war das einzige, im weiteren Sinne ökonomische Buch, welches der Verleger und spätere Fabrikant in seinen Aufzeichnungen erwähnte.

Allerdings gab es gerade in der von dem Protagonisten oft aufgesuchten Bibliothek der Moralischen Gesellschaft im Toggenburg, einen erstaunlich hohen Anteil an Büchern aus den Bereichen Geschichte, Wirtschaft, Politik und Philosophie. Auch ökonomische Werke waren demnach hier besonders häufig vertreten. Gerhard Sauder ging aber davon aus, dass Bräker vor allem historische, philosophische, theologische sowie naturwissenschaftliche Bücher aus der Bibliothek entlieh.[121]

Gegen die Annahme, dass Bräker sich nicht mit ökonomischer Literatur beschäftigte, spricht ein interessantes Detail innerhalb seines Lebenslaufes. Bei einem Preisausschreiben der Moralischen Gesellschaft 1776 gewann der Verleger nämlich den 1. Preis mit zwei Abhandlungen *„über den Baumwollengewerb und den Credit"*. Hierfür erhielt er auch ein Preisgeld. Kurz darauf trat er der Gesellschaft bei.[122] Allerdings ist diese Abhandlung nicht erhalten geblieben, so dass man ihren konkreten Inhalt nicht abschätzen kann. Im Protokoll der Moralischen Gesellschaft hieß es lediglich: Bräker, *„der durch Verfertigung zweyer vorbündigen Abhandlungen über den Credit und über den Bauel Gewerb,*

---

[120] Vgl. Sämtliche Schriften, Bd. I, Tagebücher, S. 719f; Volz-Tobler, Selbstaufklärung, S. 74.

[121] Vgl. Sauder, Die Bücher des Armen Mannes, S. 181 – 183.

[122] Vgl. Sämtliche Schriften, Bd. IV, Lebensgeschichte, S. 497.

überzeugende Beweis abgelegt, dass er ein besonderer Liebhaber der Lectur" sei.[123] Fundierte, den Ansprüchen der aufgeklärten Lesegesellschaft genügende, ökonomische Kenntnisse in Bezug auf das Baumwollgewerbe, muss der Protagonist demzufolge gehabt haben. Wie fundiert und praxisbezogen diese ökonomischen Kenntnisse generell bei dem Verleger waren, lässt sich trotzdem nicht feststellen. Es ist wohl davon auszugehen, dass der vielseitige Leser Bräker sich diese Kenntnisse, ebenso wie seiner Buchführungspraxis, tatsächlich durch *„lectur"* angeeignet hatte. Sicherlich wird zudem die alltägliche wirtschaftliche Praxis erheblich zur Wissensbildung beigetragen haben. Inwiefern Freunde und Bekannte Bräker ökonomisches Wissen vermittelten, geht aus den vorhandenen Quellen nicht hervor.

2.2 Ulrich Bräkers Mischökonomie

Ulrich Bräkers landwirtschaftliche Nebentätigkeit fand zwar in der Forschungsliteratur Beachtung, wurde jedoch bisher nicht in Bezug auf ihre wirtschaftliche Bedeutung analysiert.[124] Neuere geschichtswissenschaftliche Arbeiten weisen aber darauf hin, dass es nach wie vor von Bedeutung ist, die Gewichtung landwirtschaftlicher und gewerblicher Tätigkeiten protoindustrieller Haushalte näher zu untersuchen. Dabei konzentrierte sich die Forschung allerdings auf die Haushalte ländlicher Produzenten, und nicht auf die Schicht der Zwischenhändler und Verleger.[125]

Bräker betrieb Zeit seines Lebens neben seinem Garnhandel und Webereiverlag auch etwas Landwirtschaft. Seine gewerbliche Tätigkeit stellte jedoch eindeutig die Existenzbasis dar. Wie bereits ausgeführt hielt er bis zu drei Kühen sowie einige Ziegen. Hierzu ist anzumerken, dass Tanner für Appenzell-Ausserhoden, einem Nachbarort des Toggenburgs, für das 18. Jahrhundert davon ausging, dass der Ertrag von 2 bis 3 Kühen einen durchschnittli-

---

123 Zitiert nach Böning, Ulrich Bräker, S. 105.

124 Vgl. Böning, Ulrich Bräker, S. 112; Tanner, Baumwollenfabrik, S. 51.

125 Vgl. Sczesny, Anke: Zwischen Kontinuität und Wandel. Ländliches Gewerbe und ländliche Gesellschaft im Ostschwaben des 17. und 18. Jahrhunderts (Oberschwaben – Geschichte und Kultur, 7) Tübingen 2000, S. 328.

chen Haushalt von 4 bis 5 Personen mit Milch, Käse und Butter (Fett) versorgen konnte.[126] Zudem pflanzte der Verleger Kartoffeln, aber unter anderem auch Kraut, Kohl, Erbsen, Salat und Zwiebeln an.[127] Er arbeitete sporadisch als Zimmermann und verdiente zwischen 1788 und 1790 Geld durch die Schriftstellerei.[128] Ulrich Bräkers wirtschaftliche Nebentätigkeiten nahmen also keinen geringen Anteil in seinem wirtschaftlichen Leben ein. Als kleiner Verleger war seine Existenz stark von der konjunkturellen Lage abhängig und von daher sehr krisenanfällig. Den Investitionen in seine landwirtschaftliche Teilexistenz können vor diesem Hintergrund eine risikominimierende Funktion attestiert werden, da letztere konjunkturelle Negativerscheinungen im Handel abfedern konnte. Zudem kann man die Investitionen, auch wenn sie in erster Linie wohl bedarfsdeckend ausgerichtet waren, als *„kapitalisierbare Rücklage"* verstehen. Denn der Kauf der Nutztiere in den 1760er Jahren fungierte in gewisser Weise als »Sparkasse«.[129] Für diese Annahme spricht, dass der Protagonist im Krisenjahr 1770 seine zwei Kühe verkaufte, um so wieder an Geld zu gelangen.[130] Ulrich Pfister bezeichnete Investitionen von protoindustriellen Verdienst in landwirtschaftliche Ressourcen als *„Ausdruck einer inkrementellen Akkumulationsstrategie"*.[131]

Der protoindustrielle Verdienst Ulrich Bräkers wurde also nicht nur privat oder gewerblich-kommerziell, sondern auch zum Kauf von landwirtschaftlichen Ressourcen verwendet. Eine vollständige gewerblich-kommerzielle Akkumulation barg ein zweifaches Risiko. Die protoindustriellen Kaufleute und Verleger waren einerseits angewiesen auf unternehmerisches Geschick

[126] Vgl. Tanner, Spulen – Weben – Sticken, S. 74; Der Preis für eine Kuh lag in den 1760er Jahren bei 20 fl., in den 1770er Jahren dagegen bei 40 fl. (Vgl.: Sämtliche Schriften, Bd. I, Tagebücher, S. 258).

[127] Vgl. Sämtliche Schriften, Bd. IV, Lebensgeschichte, S. 484 und S. 543; Sämtliche Schriften, Bd. II, Tagebücher, S. 383.

[128] Vgl. zum Beispiel: Sämtliche Schriften, Bd. I, Tagebücher, S. 387 und Sämtliche Schriften, Bd. III, Tagebücher, S. 555 – 557.

[129] Sczesny, Kontinuität und Wandel, S. 351.

[130] Vgl. Sämtliche Schriften, Bd. IV, Lebensgeschichte, S. 489.

[131] Pfister, Ulrich: Die Zürcher Fabriques. Protoindustrielles Wachstum vom 16. bis zum 18. Jahrhundert. Zürich 1992, S. 499.

und anderseits, dies traf vor allem auf die Kleinverleger zu, stark abhängig von den Unsicherheiten der Konjunktur. Vor diesem Hintergrund wird anhand der mischökonomischen Verhältnisse des Verlegers durchaus ökonomisches Kalkül erkennbar. Dieses Kalkül war nicht auf Gewinnmaximierung, sondern auf Risikominimierung ausgerichtet. Durch seine landwirtschaftliche Nebentätigkeit konnte der Protagonist die Risiken seiner gewerblichen Tätigkeit abfedern. Die mischökonomischen Verhältnisse trugen daher erheblich zur Stabilisierung seiner wirtschaftlichen Situation in Krisenzeiten bei.[132]
Ob sich Ulrich Bräker aufgrund einer schlechten Konjunkturlage im Handel oder erhöhten Preisen für agrarische Produkte verstärkt auf seine landwirtschaftliche Nebentätigkeit konzentrierte, er also in gewisser Weise Kosten-Nutzen-Analysen aufstellte, ging aus dem Quellenmaterial nicht hervor.
Bei der Bewältigung der verschiedenen wirtschaftlichen Krisen spielte neben Bräkers mischökonomischen Verhältnissen auch sein Kreditverhalten eine entscheidende Rolle.

2.3 Verschuldung, Kredite und Investitionen bei Ulrich Bräker

Ulrich Bräkers Kreditverhalten wurde in der Forschung bisher noch nicht näher untersucht. Die offensichtliche Bedeutung von Krediten für seine verlegerische Tätigkeit ist allerdings nicht zu unterschätzen. Im Folgenden geht es vor allem um die Beantwortung dreier Fragen: Inwiefern zeigt sich erstens am Beispiel des Protagonisten ein sozialer Aspekt innerhalb der ländlichen Kreditbeziehungen? Wie war es ihm zweitens möglich, auch in wirtschaftlich äußerst prekären Zeiten immer wieder neue Kredite zu erhalten? Und lässt sich drittens anhand seines Kredit- und Investitionsverhaltens eine gewisse ökonomische Rationalität erkennen?
Dass die ländlichen Regionen im 17. und 18. Jahrhundert einer zunehmenden Marktorientierung unterlagen, zeigte sich unter anderem am wachsenden Geldbedarf dieser Gesellschaften. Zu jener Zeit setzte sich der Hypothekarkredit durch. Geld wurde nun gegen Zinsen verliehen, und zwar unter der

[132] Vgl. hierzu auch Medick, Weben und Überleben, S. 217 – 221; Sczesny, Kontinuität und Wandel, S. 351.

Voraussetzung, dass Sicherheiten zumeist in Form von Grundbesitz vorhanden waren. In der Frühen Neuzeit gab es noch keinen anonymen Kapitalmarkt. Vielmehr basierte dieser auf den persönlichen Verhältnissen von Kreditgebern und Schuldnern. Auch geschah die Schuldenaufnahme zumeist im geographisch unmittelbaren Umfeld. Auf diese Weise konnte der Kreditgeber Informationen hinsichtlich der Bonität des Kreditnehmers einholen. Im Normalfall hatte der Gläubiger somit Kenntnisse über die finanzielle Situation des Schuldners und wusste, ob und wie verlässlich der Kreditnehmer seine Schulden bezahlte. Denn Darlehen wurden nicht ausschließlich entsprechend der Vermögenswerte vergeben. Eine entscheidende Rolle kam dem sozialen Ansehen des Schuldners zu und vor allem dem Ruf, ob dieser Schulden pünktlich und zuverlässig zurückzahlte. Anke Sczesny betont in ihrer Untersuchung über das Kreditwesen in dem schwäbischen Städtchen Langenneufnach diesen sozialen Aspekt der persönlichen Kreditbeziehungen. Der Kreditnehmer war somit einer steten sozialen Kontrolle unterworfen. Um sich über die mögliche Bonität eines Schuldners zu informieren, war der Kreditgeber auf Bewertungen und Einschätzungen anderer angewiesen. Je besser der Ruf des Kreditnehmers war, desto leichter war es für ihn, einen Kredit gewährt zu bekommen. Das Erhalten eines Darlehens spiegelte in gewisser Weise wieder, ob der Kreditnehmer als verlässlich und achtbar eingeschätzt wurde. Der Kredit besaß daher Aussagekraft über das soziale Ansehen des Schuldners.[133] Am Beispiel Ulrich Bräkers zeigt sich dieser soziale Aspekt der Kreditbeziehungen. So schrieb er:

> „im allgemeinen umgang mit meinen nachbarn und mitmenschen - darf ich nichts wenniger als mich merken lassen - muß meinen mißmuth meine üble laune vollends unterdrücken, mich immer aufgeraumt und heiter stellen - sonst ginge mein klein bißgen credit noch vollends verlohren - und da ich, und mein häußchen - mein geringes vermögen zimlich verschuldet bin - würden mich meine creditoren - villicht gar überrumpeln"[134]

[133] Vgl. Sczesny, Kontinuität und Wandel, S. 295 – 297, S. 314 und S. 326.

[134] Sämtliche Schriften, Bd. III, Tagebücher, S. 444f.

Der Verleger war sich bewusst, dass er hinsichtlich seiner Kreditwürdigkeit einer ständigen Beurteilung durch seine *„nachbarn und mitmenschen"* unterlag. Aus diesem Grund versuchte er, seine tatsächliche wirtschaftliche Situation vor seinem dörflichen Umfeld zu verbergen. In den folgenden Ausführungen des Verlegers wird neben diesem noch ein weiterer Aspekt seiner Kreditbeziehungen deutlich:

> „Jch hatte ein Paar Bekannte, die mir wohl schon hundertmal aus der Noth geholfen; aber die Furcht, sie endlich zu ermüden, machte dass ich bald immer zuletzt zu ihnen kehrte; und dann, hätt´ ich ihnen ein einzigmal nicht wort gehalten, so wäre mir auch diese Hülfsquelle auf immer versiegt; ich trug darum zu ihr wie zu meinem Leben Sorg´. Uebrigens trauten´s mir nur wenige von meinen Nachbarn und nächsten Gefreundten zu, dass ich so gar bis an die Ohren in Schulden stecke; vielmehr wußt´ ich das Ding so ziemlich geheim zu halten, meinen Kummer und Unmuth zu verbergen, und mich bey den Leuthen allzeit aufgeräumt und wohlauf zu stellen. Auch glaub´ ich, ohne diesen ehrlichen Kunstgriff wär´ es längst mit mir aus gewesen."[135]

Dem Protagonisten gelang es weitgehend durch geschickte Außendarstellung seiner wirtschaftlichen Situation sein soziales Ansehen zu wahren und somit seine Kreditwürdigkeit aufrechtzuerhalten. Außerdem bemühte er sich stets die Rückzahlungsfristen für seine Kredite einzuhalten, um so seinen Ruf als zuverlässiger Kreditnehmer zu bewahren. An anderer Stelle kommentierte er dies mit den Worten: *„bin nur alle will zu pünctlich zahlen – macht credit"*[136]. Hierbei stellt sich allerdings die Frage, wie ihm das immer wieder gelang. Sczesny macht darauf aufmerksam, dass Umschuldungsprozesse eine übliche Vorgehensweise im ländlichen Kreditwesen darstellten. Diese wurden notwendig, sobald Kredite zurückgefordert wurden, dienten aber gleichzeitig dazu, die Kreditwürdigkeit aufrecht zu erhalten. Fehlende Kreditwürdigkeit konnte nämlich sehr schnell zum wirtschaftlichen Ruin führen.[137] Christof

---

[135] Sämtliche Schriften, Bd. IV, Lebensgeschichte, S. 495.

[136] Sämtliche Schriften, Bd. III, Tagebücher, S. 399.

[137] Vgl. Sczesny, Kontinuität und Wandel, S. 319.

Jeggle bezeichnet Kreditwürdigkeit daher auch als *„symbolisches Kapital"*.[138] Diese weitverbreitete Praxis der Umschuldung lässt sich auch am Beispiel Ulrich Bräkers beobachten. So schrieb er beispielsweise: *„alte schulden zahlen - neüe machen - ist mir mein täglich loos"*.[139] Er *„muste also immer aus einem sak in den andern schleüffen"*.[140] Die enorme Bedeutung, welche diese Praxis der Umschuldung für Ulrich Bräkers Handelsgeschäft besaß, zeigt sich auch deutlich an einer Episode aus dem Jahr 1787. Dem Verleger gelang es damals, durch die Aufnahme mehrerer Kredite bei unterschiedlichen Personen, einen Gläubiger auszuzahlen, der sehr überraschend die Rückzahlung einer Summe von etwa 270 fl. gefordert hatte.[141]

Ulrich Bräkers Kreditnetz bestand demnach aus mehreren Gläubigern. Durch diese Streuung des Gesamtkredits war er nicht nur von einem Geldgeber abhängig. Das Risiko wurde so gemindert.[142] Allerdings muss man hierbei fragen, ob er überhaupt eine andere Möglichkeit gehabt hätte, da ihm wohl ohne größere Sicherheiten kein einzelner Kreditgeber eine insgesamt so große Summe geliehen hätte.

In Schaubild 1 ist Bräkers Kreditnetz dargestellt, und zwar gemäß seines *„circular an alle meine herren creditoren"* vom April 1798, in welchem er vermerkte bei wem er in welcher Höhe verschuldet war.[143]

---

[138] Jeggle, Christof: Gewerbliche Produktion und Arbeitsorganisation: Perspektiven der Forschung. In: Häberlein, Mark/Jeggle, Christof (Hrsg.): Vorindustrielles Gewerbe. Handwerkliche Produktion und Arbeitsbeziehungen in Mittelalter und früher Neuzeit (Irseer Schriften. Studien zur schwäbischen Kulturgeschichte, 2) Konstanz 2004, S. 19 – 38, hier S. 32.

[139] Sämtliche Schriften, Bd. II, Tagebücher, S. 568.

[140] Sämtliche Schriften, Bd. III, Tagebücher, S. 371.

[141] Vgl. Sämtliche Schriften, Bd. II, Tagebücher, S. 560 – 562.

[142] Vgl. hierzu auch Sczesny, Kontinuität und Wandel, S. 326f.

[143] Vgl. Sämtliche Schriften, Bd. III, Tagebücher, S. 736.

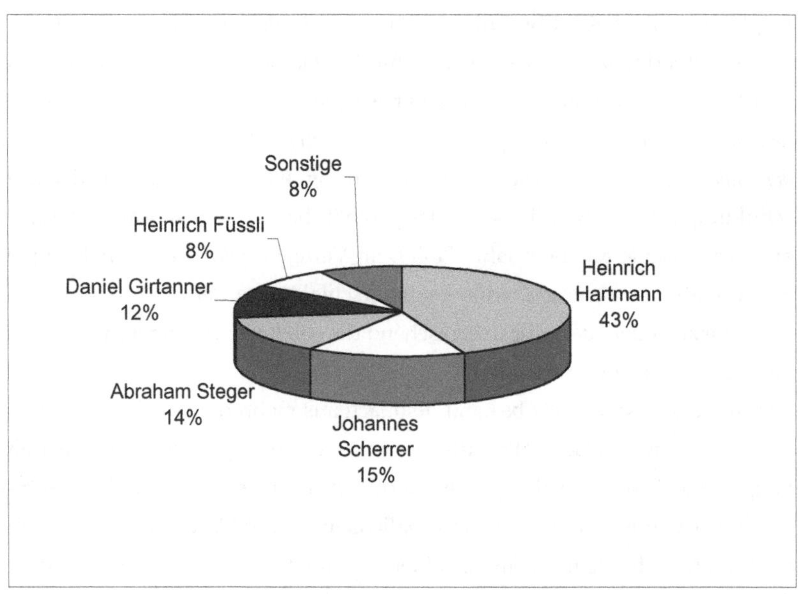

Schaubild 1: Verteilung von Ulrich Bräkers Schulden auf die einzelnen Gläubiger im Jahr 1798.

Der Gesamtschuldenstand des Protagonisten belief sich 1798 auf 2589 fl. Wie das Schaubild verdeutlicht, war er in diesem Jahr mit Abstand am meisten bei seinem langjährigen Handelspartner und Freund Heinrich Hartmann verschuldet. Sonstige Gläubiger waren seine Freunde Daniel Girtanner, Heinrich Füssli und Abraham Steger (1761 - 1818) sowie Johannes Scherrer (1713 - 1763) aus Wattwil, über den sonst nichts weiter bekannt ist. Es handelte sich bei sämtlichen Kreditgebern um Privatpersonen. Dies entspricht der Tendenz, dass im 18. Jahrhundert das Volumen von Privatdarlehen zunahm.[144] Festzuhalten ist, dass Ulrich Bräkers Kreditvolumen gestreut war, und dass es sich bei seinen Kreditgebern fast ausschließlich um Freunde handelte.

[144] Vgl. Sczesny, Kontinuität und Wandel, S. 325; zu den sonstigen möglichen Kreditgebern in ländlichen Gesellschaften wie beispielsweise kirchliche Heiligenpflegen, Vormundschaftskassen oder Grundherren vgl. ebenda, S. 295f.

Anhand der Quellen wird deutlich, dass nicht nur »rationale« Faktoren, also jene, die auf der wirtschaftlichen Lage des Kreditnehmers basiert hätten, für die Gewährung eines Kredits im Umfeld Bräkers ausschlaggebend waren.[145] Dies zeigt sich beispielsweise daran, dass er 1777 Probleme hatte Darlehen zu erhalten. Er selbst sah die Ursache hierfür in Zusammenhang mit seinem Eintritt in die Moralische Gesellschaft und den dadurch verursachten Neid seiner dörflichen Umgebung.[146] Hier spielten also wohl nicht wirtschaftlich-rationale Gründe die entscheidende Rolle für die Verminderung seiner Kreditwürdigkeit. Robert Rolle bezeichnete *„nicht-rationales Verhalten"* als *„Verhalten, welches vom Idealtypus der ökonomischen Rationalität als Eigennutzenmaximierung aufgrund bewusster Reflexion abweicht"*.[147] Diese »nicht - rationale« Motivationen innerhalb der Kreditbeziehungen spielten nicht nur in negativer Hinsicht eine bedeutende Rolle. Beispielsweise erließ ihm sein Freund, der Bankier Daniel Girtanner, im Jahr 1798 ohne Gegenleistung die Summe von 300 fl. und lieh ihm daraufhin sogar nochmals rund 70 fl.[148] Auch durch andere freundschaftliche Beziehungen zu seinen Gläubigern erreichte er, dass immer neue Kredite gewährt wurden. Hierzu schrieb er:

> „wo so viele von meinem gewerbe das gewehr streken müssen; kann ich doch bey hertzguten freünden und freündinen - immer von einer wochen zur andern gelt haben - um andere creditoren zu befriedigen".[149]

Hier spielten oftmals persönlich-freundschaftliche bzw. altruistische, also keine rationalen Gründe die entscheidende Rolle innerhalb der Kreditbezie-

[145] In der Forschung wird kontrovers darüber diskutiert, inwiefern das ländliche Kreditwesen während der Frühen Neuzeit auf rationalen Prinzipien beruhte. Vgl. vor allem Sczesny, Kontinuität und Wandel, S. 325; Zimmermann, Clemes: Bäuerlicher Traditionalismus und agrarischer Fortschritt. In: Peters, Jan (Hrsg.): Gutsherrschaft als soziales Modell. Vergleichende Betrachtungen zur Funktionsweise frühneuzeitlicher Agrargesellschaften. München/Oldenburg 1995, S. 219 – 238, hier S. 224f.

[146] Vgl. Sämtliche Schriften, Bd. I, Tagebücher, S. 736.

[147] Rolle, Homo oeconomicus, S. 106.

[148] Vgl. Sämtliche Schriften, Bd. III, Tagebücher, S. 774.

[149] Sämtliche Schriften, Bd. III, Tagebücher, S. 404.

hungen. Gleiches gilt für Ulrich Bräkers Verhalten als Gläubiger seinen eigenen Schuldnern gegenüber. Seine Vertrauensseligkeit und Gutmütigkeit hinderten ihn oftmals am rigorosen Eintreiben seiner Außenstände. Dies zeigt sich beispielsweise an einer Episode, als er Schulden bei einem seiner Heimarbeiter mit Hilfe der Obrigkeit einzutreiben versuchte. Als der Protagonist im Haus des Gläubigers aber keine Wertgegenstände finden konnte, wurde er von Schuldgefühlen so geplagt, dass er froh war *„mit läären händen fleihen"* zu können.[150]

Gerade die neuere experimentelle Ökonomik hat soziale Präferenzen als möglichen Grund nicht-rationalen Verhaltens nachgewiesen.[151] Diese Ergebnisse lassen sich partiell für die Kreditbeziehungen Ulrich Bräkers bestätigen. Wie bereits erwähnt, stand Kreditwürdigkeit in den ländlichen Gesellschaften auch im Zusammenhang mit hoher sozialer Reputation. Von der anhaltender Kreditwürdigkeit Bräkers lässt sich daher auf ein gewisses gesellschaftliches Ansehen des Verlegers schließen. In der Forschungsliteratur wurde dieser dagegen häufig als sozialer Außenseiter dargestellt und seine soziale Isolierung wurde thematisiert.[152] Diese Thesen lassen sich ausgehend von den hier erarbeiteten Ergebnissen problematisieren. Hier bietet sich ein Anknüpfungspunkt für spätere Studien. Relevant erscheinen solche Untersuchungen auch deshalb, weil neuere Arbeiten der Wirtschafts- und Sozialgeschichte vermehrt die Verknüpfung von sozialhistorischen Fragestellungen mit traditionellen Wirtschaftsthemen fordern. Hierbei werden Kredite als Sozialbeziehungen untersucht, was den hier dargelegten Analyseansatz unterstreicht.[153]

Um sich einer möglichen ökonomischen Rationalität des Verlegers anhand seines Kreditverhaltens anzunähern, muss man nach den Motiven für die Aufnahme von Krediten fragen. Zu diesem Zweck wird im Folgenden zwi-

---

[150] Vgl. Sämtliche Schriften, Bd. II, Tagebücher, S. 115f, Zitat S. 116.

[151] Vgl. Rolle, Homo oeconomicus, S. 311.

[152] Vgl. Böning, Ulrich Bräker, S. 203.

[153] Vgl. Einleitung zu Häberlein, Mark/Jeggle, Christof (Hrsg.): Vorindustrielles Gewerbe. Handwerkliche Produktion und Arbeitsbeziehungen in Mittelalter und früher Neuzeit. (Irseer Schriften. Studien zur schwäbischen Kulturgeschichte 2) Konstanz 2004, S. 11 – 18, hier S. 11.

schen Darlehen zur Investition in Besitztümer sowie Not- und Produktivkrediten unterschieden. Erstere beziehen sich auf Kreditaufnahmen für den Bau bzw. Ausbau des Hauses oder für Investitionen in die landwirtschaftliche Teilexistenz Bei Notkrediten handelt es sich dagegen um Konsumtivkredite, um wirtschaftliche Notlagen durchzustehen. Unter Produktivkredit wird ein Kredit verstanden, welcher in gewerbliche Tätigkeiten investiert wurde. Ziel der Kreditanalyse in Bezug auf ihre Verwendung ist es herauszuarbeiten, ob Bräker Kredite aufnahm, um diese in seinen Handel zu investieren, ob also hinter den Investitionen in gewisser Weise kapitalistische Erwägungen standen. Anders ausgedrückt wird untersucht, ob sich anhand der Motive zur Kreditaufnahme ein auf wirtschaftlichen Erfolg ausgerichtetes Handeln erkennen lässt.[154]

Allerdings geht aufgrund der Quellenlage nicht immer eindeutig hervor, wann, für was und in welcher Höhe Ulrich Bräker Kredite aufnahm. Zum überwiegenden Teil handelte es sich aber wohl um Kreditaufnahmen zum Erwerb von Besitz sowie um Produktivkredite. Notkredite finden dagegen sehr selten Erwähnung.[155] Der größte Teil der aufgenommenen Schulden wurde wahrscheinlich für den Hausbau (1760/61) und dessen anschließenden Ausbau (1792) aufgenommen. Insgesamt investierte er etwa 1800 fl. Für die Fabrik wendete er 1794 nochmals ca. 700 fl. auf. Den größten Teil dieser Ausgaben finanzierte der Verleger auch hier über Kredite.[156]

Beim Darlehen für den Hausbau handelte es sich zwar in erster Linie nicht um einen Produktivkredit. Jedoch muss beachtet werden, dass er 1761 dort

---

[154] Die Unterscheidung zwischen den jeweiligen Kreditaufnahmen sowie die Art der Vorgehensweise basiert zu einem großen Teil auf der Untersuchung von Anke Sczesny (Vgl. Sczesny, Kontinuität und Wandel, S. 316 – 320). Die Historikerin macht zudem darauf aufmerksam, dass Produktiv- und Konsumtivkredite nicht immer klar voneinander unterschieden werden können (Vgl. ebenda, S. 326).

[155] Eine Ausnahme bildet zum Beispiel eine Stelle im Tagebuch als Bräker davon spricht, durch einen Kredit seine *„nöthigsten bedürfniße zubestreiten“* (Sämtliche Schriften, Bd. III, Tagebücher, S. 404).

[156] Vgl. hierzu Sämtliche Schriften , Bd. IV, Lebensgeschichte, S. 475 - 479; Sämtliche Schriften , Bd. III, Tagebücher, S. 734 - 736 und S. 774.

auch einen Webkeller einrichtete. Das Haus kam somit auch seiner beruflichen Tätigkeit zugute. Dennoch belastete die durch den Hausbau bedingte Verschuldung vor allem zu Beginn seinen Handel. Denn oft mangelte es dem Verlag des Protagonisten an verfügbarem Kapital.[157]

Als Bräker 1792 für seinen Sohn einen Anbau an sein Haus plante, finanzierte er diesen zu Teilen durch seine Ersparnisse.[158] Die Anlage seines über der Subsistenz liegenden Verdienstes in Grund und Boden lässt sich als Akkumulationsstrategie interpretieren. Wie schon bei den Investitionen in landwirtschaftliche Ressourcen, lässt sich auch hier der Begriff der »kapitalisierbaren Rücklage« anwenden. Denn in wirtschaftlichen Krisenzeiten konnten diese Sachwerte als Mittel zur Kreditbildung fungieren. Es ist also eine Verflechtung von Handel, Investition in Sachwerte und Kreditbildung zu erkennen.[159]

Schon zu Beginn seines Garnhandels verschuldete Bräker sich, um seine verlegerische Tätigkeit aufnehmen zu können.[160] Auch später benötigte er immer wieder Kredite um seinen Handel fortsetzen zu können. So schrieb er beispielsweise 1787: *„dan muß ich schon wieder gelt in die hende haben – um mein händele fortzusetzen"*.[161] Er sprach in seinen Aufzeichnungen auch von *„Baumwollenschulden"*.[162] Inwiefern diese Kreditaufnahmen nur dem Fortbestand des Handels oder aber zum Teil auch der Erweiterung desselben dienten, lässt sich nicht nachweisen. Die Investitionen in den Handel, um das Gewerbe fortführen zu können, belegen kapitalistische Handlungsmuster, da sie auf wirtschaftlichen Erfolg zielten. Das gleiche gilt für die Aufnahme des Darlehens zur Errichtung der Fabrik im Jahr 1794.[163]

---

[157] Vgl. Sämtliche Schriften, Bd. IV, Lebensgeschichte, S. 477.

[158] Vgl. Sämtliche Schriften, Bd. III, Tagebücher, 387 – 390.

[159] Vgl. Sczesny, Kontinuität und Handel, S. 340 und S. 351.

[160] Vgl. hierzu Sämtliche Schriften , Bd. IV, Lebensgeschichte, S. 474f.

[161] Sämtliche Schriften, Bd. II, Tagebücher, S. 562; vgl. hierzu beispielsweise auch: Sämtliche Schriften, Bd. I, Tagebücher, S. 374.

[162] Sämtliche Schriften, Bd. IV, Lebensgeschichte, S. 496.

[163] Vgl. auch Sczesny, Kontinuität und Wandel, S. 325.

Zu einer besseren Einordnung von Ulrich Bräkers Kredit- und Investitionsverhalten wäre eine weitere Untersuchung des Kreditwesens im Toggenburg des 18. Jahrhunderts wünschenswert.

3. Zwischenfazit

Durch die vorliegende Analyse konnte festgestellt werden, dass Bräkers Praxis der Buchführung sowie seine für ein Preisausschreiben der Aufklärungsgesellschaft verfasste Abhandlung gewisse kaufmännische Kenntnisse belegen.

Zudem wurde auf die wirtschaftliche Bedeutung von Bräkers landwirtschaftlichen Nebentätigkeit hingewiesen, welche einen risikovermindernden Rückhalt für den Verlag darstellte, aber auch eine Kapital akkumulierende Funktion einnahm.

Dem Verleger gelang es durch geschickte Außendarstellung sowie durch das Einhalten der Rückzahlungsfristen, welches oft durch Umschuldungen ermöglicht wurde, seinen Ruf als zuverlässiger Kreditnehmer aufrecht zu erhalten und so zumindest das Fortbestehen des Verlages zu sichern. Von Bedeutung hierfür war zudem, dass sein Kreditnetz zum größten Teil aus Freunden bestand.

Bei den Kreditaufnahmen zur Investition in den Verlag sowie zur Errichtung der Fabrik handelte es sich um Produktivkredite, welche kapitalistische Erwägungen und ein auf wirtschaftlichen Erfolg ausgerichtetes Verhalten erkennen lassen.

IV. Ulrich Bräkers Wahrnehmung seiner wirtschaftlichen Tätigkeit

Dieses Kapitel behandelt Ulrich Bräkers Wahrnehmung in Bezug auf ökonomische Angelegenheiten. Die Aussagen basieren auf einer quantitativen Untersuchung anhand von Bräkers Schriften. Zunächst werden die Methode erläutert sowie die Ergebnisse dargestellt. Anschließend werden die Resultate interpretiert.[164]

In der Historischen Anthropologie wurde in den letzten Jahren darüber diskutiert, was unter Wahrnehmung zu verstehen sei, und wie man die Wahrnehmung historischer Akteure erfassen könne. Dabei wurden die Möglichkeiten und Grenzen historischer Perzeptionsanalyse unterschiedlich eingeschätzt. Es muss vor diesem Hintergrund vor allem darauf aufmerksam gemacht werden, dass die folgende Untersuchung nicht Bräkers Wahrnehmung an sich, sondern nur die sprachliche Ausdrucksform derselben widerspiegeln kann.[165]

1. Die quantitative Methode

Die folgende quantitative Untersuchung soll einen groben Überblick über Ulrich Bräkers Wahrnehmung seines wirtschaftlichen Lebens geben. Auf diese Weise werden, im beschränkten Rahmen seiner schriftlichen Aufzeichnungen, Tendenzen in seiner Verteilung von Aufmerksamkeit sichtbar gemacht. Folgende Fragen rücken hierbei in den Blickpunkt: Wie oft berichtete der Protagonist insgesamt von wirtschaftlichen Angelegenheiten? Wie verteilten sich die jeweiligen Erwähnungen auf die verschiedenen Jahre? Wie viel Aufmerksamkeit widmete er seiner eigenen wirtschaftlichen Situation? Wie oft er-

[164] Diese methodische Vorgehensweise sowie ein Teil, der daraus resultierenden Fragestellungen verdanke ich der Arbeit von Susanne Hoffmann (Vgl. Hoffmann, Gesundheit und Krankheit, S. 25 – 43).

[165] Vgl. ebenda, S. 25. Hier findet sich auch ein kleiner Literaturüberblick über diese methodische Diskussion.

wähnte er die allgemeine wirtschaftliche Lage? Lässt sich im Zeitverlauf, auch im Hinblick auf seinen religiösen Wandel, eine Verschiebung der Verteilung von Aufmerksamkeit auf wirtschaftliche Angelegenheiten erkennen? Wie oft berichtete er innerhalb der verschiedenen Jahre konkret von seinen Handelsgeschäften? Wie häufig berichtete er über wirtschaftliche Probleme bzw. über positive Entwicklungen sowohl hinsichtlich der allgemeinen wirtschaftlichen Lage als auch im Hinblick auf seine persönliche ökonomische Situation?

Die Methode ist im Anhang genauer erklärt. Dort werden die Ergebnisse auch ausführlicher dargestellt. Hier befinden sich nur die wichtigsten Kriterien und Ergebnisse. Grundlage der Untersuchung waren Ulrich Bräkers Tagebücher zwischen 1770 und 1798 sowie seine »Lebensgeschichte«.

Alle Einträge, welche sich auf wirtschaftliche Aktivitäten oder Situationen beziehen, wurden gleich gewertet. Wenn einzelne Einträge Aussagen sowohl über die allgemeine als auch über seine persönliche wirtschaftliche Situation enthielten, wurde der Eintrag in beide Kategorien aufgenommen. Wort- bzw. Themenwiederholungen innerhalb eines Eintrages wurden dagegen nicht in die Wertung aufgenommen.

Der Bereich »eigene wirtschaftliche Situation« umfasst alle Aussagen des Verlegers, welche sich mit seiner wirtschaftlichen oder finanziellen Situation auseinandersetzen. Hierzu reichte es aus, wenn er schrieb: *„hate geschäfte"* oder dass er *„bis über die ohren in schulden"* steckte.[166] Nicht gewertet wurden Äußerungen, welche sich auf seine Reisetätigkeit bezogen, solange aus ihnen nicht hervorging, dass es sich dabei um geschäftliche Angelegenheiten handelte. Für die Autobiographie wurden innerhalb dieser Kategorie auch Einträge gewertet, welche sich mit der ökonomischen Situation seines Vaters bzw. seiner Familie beschäftigten.

Unter »allgemeiner wirtschaftlicher Situation« wurden jene Aussagen zusammengefasst, die sich mit der Konjunkturlage sowie mit der allgemeinen Verdienst- und Preissituation auseinandersetzen. Hierbei handelt es sich um

---

[166] Vgl. zu *„hate geschäfte"*: Sämtliche Schriften, Bd. II, Tagebücher, S.354; zu *„bis über die ohren in schulden"*: Sämtliche Schriften, Bd. III, Tagebücher, S. 549.

Aussagen wie: *„wegen des fahls im stukehandel, indem hüte ein stuk bis 2. fl. nehmlich ein 18ner 74tel von 20. bis 18 fl. fiel"*.[167] Gewertet wurden hierbei auch Äußerungen wie *„um den handel stehts schlecht"* oder wenn er lediglich von der *„theürung"* berichtete.[168]

Als »positiv« wurden Aussagen gewertet wie beispielsweise *„meine geschäffte giengen nach wunsche"* (wurde innerhalb der Kategorie »eigene wirtschaftliche Situation« gewertet), *„der gewün ist beser"* (Kategorie abhängig vom Kontext) oder *„sind doch die lebensmittel nicht theür [...] schon andere sachen, kafe, zuker u d. g. ein merklichs gefallen"* (Kategorie: »allgemeine wirtschaftliche Situation«).[169] Gegenteilige Äußerungen, wie zum Beispiel *„nachdem ich mein garn spottwolfeil an mann gebracht"* (Kategorie: »eigene wirtschaftliche Situation«) wurden dementsprechend als »negativ« in die Wertung aufgenommen.[170]

2. Ergebnisse

Die folgende Tabelle zeigt die Ergebnisse im Überblick. Die Werte in den Spalten belegen die Häufigkeit der jeweiligen Aussagen in Ulrich Bräkers Schriften. Dabei zeigen die Werte in Klammern die relative Häufigkeit, welche sich aus dem Verhältnis zu den Seitenzahlen ergibt. Hierzu wurden die Ergebnisse für die jeweilige Schrift durch den jeweiligen Seitenumfang der gedruckten Edition dividiert. Daher gibt dieser Wert die Häufigkeit der jeweiligen Äußerung pro Seite wieder. Aufgrund des unterschiedlichen Seitenumfangs von Tagebüchern und »Lebensgeschichte« ist ein Vergleich der absoluten Häufigkeiten wenig aussagekräftig. Dasselbe gilt, will man die einzelnen Jahrgänge innerhalb seiner Tagebücher in Bezug auf die Häufigkeit

---

[167] Sämtliche Schriften, Bd. II, Tagebücher, S. 359.

[168] Vgl zu *„um den handel stehts schlecht"*: Sämtliche Schriften, Bd. II, Tagebücher, S. 361; zu *„theürung"* zum Beispiel: Sämtliche Schriften Bd. I, Tagebücher, S. 256.

[169] Vgl. zu *„geschäffte giengen nach wunsche"*: Sämtliche Schriften, Bd. II, Tagebücher, S. 351; zu *„der gewün ist beser"*: Sämtliche Schriften Bd. I, Tagebücher, S. 452; zu *„die lebensmittel nicht theür"*: Sämtliche Schriften, Bd. II, Tagebücher, S. 369.

[170] Sämtliche Schriften, Bd. II, Tagebücher, S. 382.

der Äußerungen miteinander vergleichen. Daher beziehen sich die folgenden Interpretationen immer auf die relativen Werte.

Tabelle 1: Ulrich Bräkers Wahrnehmung der wirtschaftlichen Gesamtsituation sowie seiner privaten wirtschaftlichen Situation.

	Gesamt	»Allgemeine wirtschaftliche Situation«	»Eigene wirtschaftliche Situation«
Tagebücher	485 (0,235)	137 (0,066)	348 (0,168)
»Lebensgeschichte«	62 (0,291)	7(0,033)	55 (0,258)

Innerhalb seiner Tagebuchaufzeichnungen nahm der Protagonist auf effektiv untersuchten 2067 Seiten 485 Mal Bezug zu wirtschaftlich relevante Themen. Auf beinahe jeder vierten Seite berichtete er also von ökonomischen Angelegenheiten. Die wirtschaftliche Gesamtsituation erwähnte er dabei 137 Mal, also ungefähr alle 15 Seiten, seine eigene wirtschaftliche Situation etwa jede sechste Seite. Die eigene wirtschaftliche Situation beschrieb Bräker demnach mehr als doppelt so häufig.

In seiner autobiographischen »Lebensgeschichte« berichtete er hingegen häufiger, und zwar jede dritte Seite, über wirtschaftlich relevante Themen. Einträge, welche die wirtschaftliche Allgemeinsituation thematisierten, waren dabei deutlich weniger (etwa alle 30 Seiten). Die eigene ökonomische Lage nahm dagegen einen höheren Stellenwert ein (etwa alle 4 Seiten).

Diese bisherigen Zahlen lassen noch keine eindeutige Aussage zu. Dies vor allem weil vergleichbare Untersuchungen anhand anderer Selbstzeugnisse nicht vorliegen. Dennoch konnte bis hierher gezeigt werden, dass der Verleger in der Regel seine private wirtschaftliche Situation als mitteilungswürdiger als die allgemeine wirtschaftliche Lage erachtete. Da es sich bei den hier referierten Quellen um Selbstzeugnisse handelt, überrascht dieses Ergebnis nicht. Zudem wurde deutlich, dass Bräker aus retrospektiver Sicht wirtschaft-

lichen Aspekten sowie auch seiner eigenen wirtschaftlichen Situation größere Aufmerksamkeit widmete.
Die nächste Tabelle stellt dar, wie häufig der Protagonist in seinen Schriften über ökonomische Probleme bzw. über wirtschaftlich positive Entwicklungen berichtete.

Tabelle 2: Unterscheidung von Ulrich Bräkers Wahrnehmung der wirtschaftlichen Gesamtsituation sowie seiner privaten wirtschaftlichen Situation durch die Kategorien »positiv« und »negativ«.

	»Allgemeine wirtschaftliche Situation«		»Eigene wirtschaftliche Situation«		Gesamt	
	positiv	negativ	positiv	negativ	positiv	negativ
Tagebücher	14 (0,007)	97 (0,047)	25 (0,012)	106 (0,051)	39 (0,019)	203 (0,098)
»Lebensgeschichte«	1 (0,005)	5 (0,024)	2 (0,009)	21 (0,099)	3 (0,014)	26 (0,122)

Es wird deutlich, dass der Verleger sowohl in seinen Tagebuchaufzeichnungen als auch innerhalb seiner Autobiographie seltener von ökonomisch vorteilhaften als von wirtschaftlich nachteiligen Angelegenheiten berichtete. In den Tagebüchern beschrieb er im Durchschnitt auf jeder zehnten Seite wirtschaftliche Probleme. Vorteilhafte Aspekte wurden nur etwa alle 53 Seiten erwähnt. Die schlechte wirtschaftliche Allgemeinsituation wurde mit gleicher Frequenz wie seine eigenen wirtschaftlichen Schwierigkeiten thematisiert.
In der »Lebensgeschichte« berichtete er zwar etwas weniger von der allgemeinen schlechten wirtschaftlichen Lage, dafür wurden seine privaten wirtschaftlichen Probleme verstärkt thematisiert. Hierüber schrieb er ungefähr alle zehn Seiten. Insgesamt berichtete er etwa jede achte Seite nachteilig von wirtschaftlichen Angelegenheiten. Vorteilhafte Aspekte wurden in der Autobiographie, wenn man die relativen Werte miteinander vergleicht, etwa genauso oft wie innerhalb der Tagebücher thematisiert.

Die folgende Tabelle bezieht sich darauf, wie häufig Ulrich Bräker innerhalb seiner Aufzeichnungen von seinem Handelsgeschäft berichtete. Gemeint sind hiermit Aussagen in Bezug zu seinen *„marktgeschäffte*[n]*"*, seiner täglichen wirtschaftlichen Praxis (zum Beispiel: *„verkaufte ein halbdotzent bauelstuk"*) oder seinen Geschäftspartnern (zum Beispiel: *"den 5.ten habe mit h. Johanis Zwiki in Glaris gerechnet"*).[171] Allgemeine Äußerungen über die Handelslage im Baumwollgewerbe wurden nicht in die Wertung mitaufgenommen. Zudem wurde für die Erstellung der folgenden Tabelle berücksichtigt, wie häufig er von ökonomischen Problemen bzw. von positiven Entwicklungen hinsichtlich seines Textilverlages bzw. seiner Fabrik schrieb.

Tabelle 3: Ulrich Bräkers Wahrnehmung seiner »konkreten Handelsgeschäfte«.

	Insgesamt	positiv	negativ
Tagebücher	198 (0,096)	15 (0,007)	66 (0,032)
»Lebensgeschichte«	19 (0,089)	2 (0,009)	13 (0,061)

Der Protagonist berichtete innerhalb seiner Tagebuchaufzeichnungen auf etwa jeder zehnten Seite von seinen Handelsgeschäften. »Negative« Aspekte wurden hierbei mehr als viermal häufiger als vorteilhafte Gesichtspunkte erwähnt.

In seiner Autobiographie nahm er etwa genauso oft Bezug auf seine konkreten Handelsgeschäfte wie in seinen Tagebüchern. Auffallend ist jedoch, dass er hierbei nachteilige Aspekte etwa doppelt so oft erwähnte. Aus der retrospektiven Wahrnehmung maß der Verleger den wirtschaftlichen Problemen seines Handelsgeschäfts demnach mehr Bedeutung zu.

Das folgende Schaubild bezieht sich auf Ulrich Bräkers Wahrnehmung von wirtschaftlich relevanten Aspekten innerhalb seiner Tagebücher. Hierbei wurde ausgewertet wie häufig der Protagonist über wirtschaftliche Angelegenheiten, über die einzelnen Jahre hinweg, berichtete. Da für das Jahr 1786 keine Aufzeichnungen des Verlegers vorliegen, wurde dieses Jahr in den fol-

[171] Vgl. zu *„marktgeschäffte"*: Sämtliche Schriften, Bd. II, Tagebücher, S.521; zu *„halbdotzent bauelstuk"*: Ebenda, 356; zu *„Johanis Zwiki"*: Ebenda, S. 284.

genden Schaubildern nicht berücksichtigt. Ebenso wenig wurden die Jahrgänge 1775 - 1778 in die Wertung aufgenommen, da es sich bei diesen Tagebüchern um die, vom Verleger Füssli inhaltlich veränderten Ausgaben, handelt. Zudem sind diese Tagebücher stark gekürzt worden. Die durchschnittliche Seitenzahl dieser Jahrgänge liegt bei unter 6 Seiten, der durchschnittliche Wert der restlichen Jahre liegt dagegen bei knapp 82 Seiten. Die ermittelten Werte für diese Tagebücher sind außergewöhnlich hoch. Die wirtschaftliche Situation fand hier so stark Erwähnung, wie es eher in den späteren Tagebüchern vorkommt.[172] Es scheint so, als ob Füssli diejenigen Tagebuchstellen, welche ökonomische Angelegenheiten thematisierten, als besonders interessant für ein mögliches Publikum erachtete. Ob und inwiefern hierbei seine, in der Forschung angenommenen Intention, Bräker als aufgeklärte Person darzustellen, eine Rolle spielte, kann nicht nachgewiesen werden.

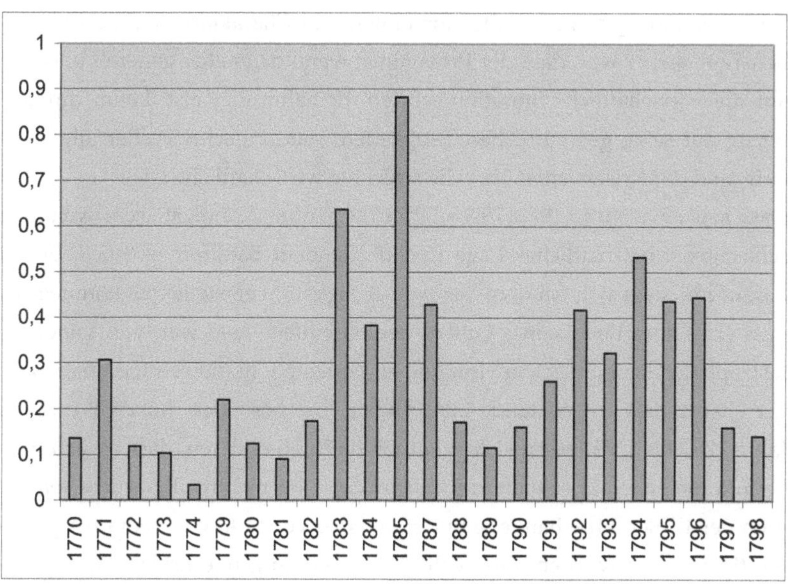

Schaubild 2: Ulrich Bräkers Wahrnehmung von wirtschaftlichen Angelegenheiten pro Seite innerhalb seiner Tagebücher (ohne die Jahrgänge 1775 - 1778 und 1786).

[172] Vgl. im Anhang unter Punkt 1.2 (Tabelle I.).

Anhand dieses Schaubildes lassen sich folgende Aussagen treffen: Zum ersten Mal gehäuft berichtete der Protagonist während des Jahres 1771, dem Höhepunkt der Krisenjahre zu Beginn dieses Jahrzehnts, von wirtschaftlichen Angelegenheiten. Dieser Wert wurde erst 1783 übertroffen. Zwischen 1772 und 1782 sowie Ende der 1780er und 1790er Jahre berichtete der Verleger dagegen recht selten von wirtschaftlich relevanten Gesichtspunkten. Mit Blick auf Bräkers wirtschaftliches Leben, wie es im vierten Kapitel beschrieben wurde, wird die Tendenz erkennbar, dass der Verleger während wirtschaftlich problematischer Zeiten ökonomischen Angelegenheiten mehr Aufmerksamkeit zukommen ließ. Die im Verhältnis geringen Werte während der Hungerjahre 1770/71 lassen sich damit erklären, dass Ulrich Bräkers Schreiben zum damaligen Zeitpunkt noch stark von pietistischer Selbstreflexion geprägt war und Ereignisse der »äußeren« Welt von daher insgesamt für sein Schreiben eine geringere Rolle einnahmen. Ein Charakteristikum dieser frühen Tagebücher war, dass der Protagonist wenn dann eher generell in Bezug auf die wirtschaftliche Situation schrieb. Er nahm hier also kaum direkten Bezug auf seine geschäftlichen Tätigkeiten, sondern schrieb eher allgemein aufgrund der Krisenzeiten über die schlechte wirtschaftliche Lage.
Dass seit etwa Mitte der 1790er Jahre die Aufmerksamkeit trotz weiterhin schlechter wirtschaftlicher Lage und drohendem Bankrott nachließ, deutet darauf hin, dass sich bei dem Verleger Resignation einstellte. Es könnte sein, dass er es zum Ende seines Lebens zudem einfach Leid war, von seiner katastrophalen ökonomischen Situation zu berichten. In dieser Phase hatte Bräker eher andere Gegenstände zum Thema. Die besonders hohen Werte der Jahre 1783 bis 1785 lassen sich eventuell dadurch erklären, dass es sich hierbei um die ersten krisenhaften Erscheinungen im Baumwollgewerbe seit Beginn der 1770er Jahre handelte und von daher verstärkt von dem Protagonisten thematisiert wurden. Eine vollständig befriedigende Erklärung kann allerdings nicht gegeben werden.

Das folgende Schaubild spiegelt wieder, wie oft der Verleger innerhalb seiner Tagebücher über die Jahre verteilt von wirtschaftlichen Schwierigkeiten berichtete.

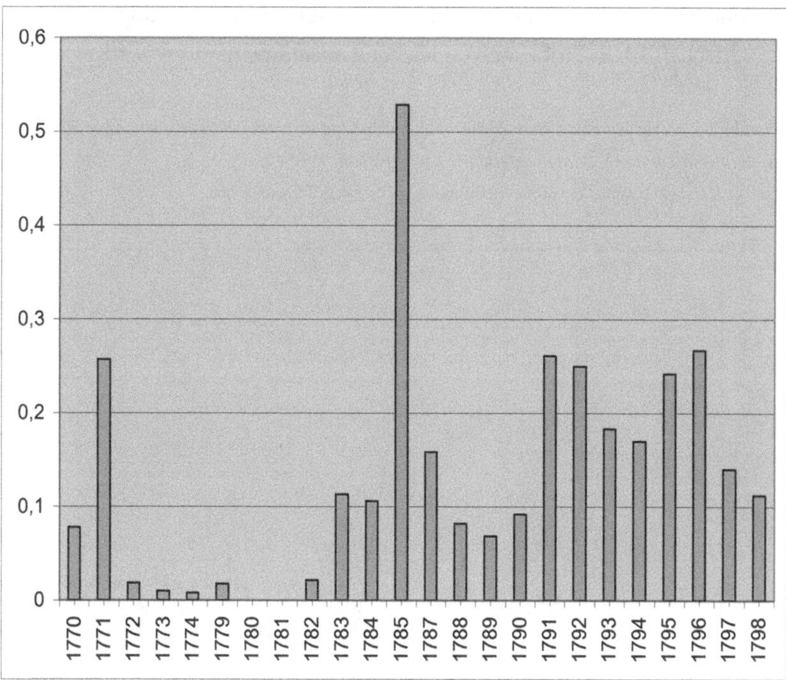

Schaubild 3: Ulrich Bräkers Wahrnehmung von wirtschaftlichen Problemen pro Seite innerhalb seiner Tagebücher (ohne die Jahrgänge 1775 - 1778 und 1786).

Schaubild 3 untermauert die, bis hierher vorliegende Tendenz, dass Ulrich Bräker vor allem in wirtschaftlich problematischen Zeiten den ökonomischen Angelegenheiten mehr Beachtung schenkte. Vor allem zu Beginn der 1770er Jahre, Mitte der 1780er und von Beginn der 1790er Jahre an bis zu seinem Tod berichtete der Protagonist besonders häufig von wirtschaftlichen Problemen. Es handelt sich dabei insgesamt um etwa die gleichen Zeitabschnitte, in welchen er auch generell wirtschaftliche Angelegenheiten verstärkt thematisierte.

Diese Aussage wird in Schaubild 4 graphisch untermauert, indem der Kurvenverlauf von Ulrich Bräkers Erwähnungen seiner wirtschaftlichen »Angelegenheiten insgesamt« mit dem Kurvenverlauf seiner Äußerungen in Bezug zu wirtschaftlichen Probleme vergleichend zusammengeführt wird.

Schaubild 4: Vergleich von Ulrich Bräkers Wahrnehmung seiner wirtschaftlichen Angelegenheiten mit der Wahrnehmung seiner wirtschaftlichen Probleme pro Seite innerhalb seiner Tagebücher (ohne die Jahrgänge 1775 – 1778 und 1786).

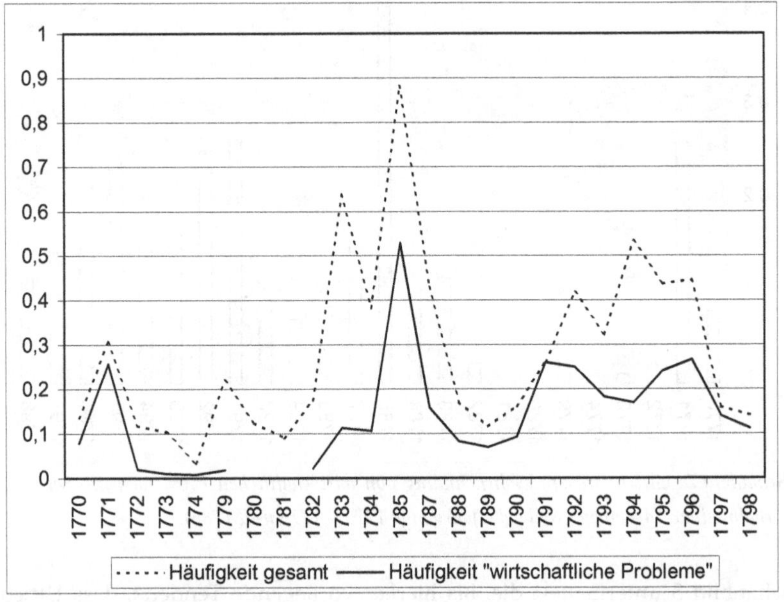

Anhand der beiden ziemlich parallel verlaufenden Kurven wird deutlich, dass sich die oben gemachte Aussage bestätigte: Innerhalb seiner Aufzeichnungen lässt sich die Tendenz erkennen, dass der Verleger wirtschaftlichen Angelegenheiten in Krisenzeiten mehr Aufmerksamkeit zukommen ließ.

3. Interpretation der Ergebnisse

Durch die hier vorliegende Untersuchung hinsichtlich Ulrich Bräkers Wahrnehmung in Bezug auf ökonomische Angelegenheiten wurde erkennbar, dass der Protagonist in seiner »Lebensgeschichte« im Vergleich zu den Tagebüchern wirtschaftlichen Aspekten größere Aufmerksamkeit widmete. Zudem maß der Verleger den wirtschaftlichen Problemen seines Handelsgeschäfts in der retrospektiven Wahrnehmung mehr Bedeutung zu. Dies lässt sich dadurch erklären, dass er seine Autobiographie zwischen 1781 und 1785 verfasste.[173] Zu diesem Zeitpunkt kann man den Verfasser schon als »aufgeklärt« bezeichnen. Im Gegensatz zu der Phase seines Schreibens, welche von pietistischer Selbstreflexion geprägt war, standen nun Ereignisse der »äußeren« Welt, und somit auch wirtschaftliche Aspekte vermehrt im Vordergrund.

Durch die Untersuchung gelangt man zudem zu dem Ergebnis, dass Bräker sowohl in den Tagebüchern als auch in seiner Autobiographie wirtschaftliche Schwierigkeiten viel häufiger zum Ausdruck brachte als positive Entwicklungen. Dies lässt sich zum einen durch die konkreten Lebensumstände des Verlegers erklären. Der größte Teil seines wirtschaftlichen Lebens wurde von Problemen und Krisen geprägt, weshalb sich dies auch in seinem Schreiben widerspiegelt. Zum anderen diente das Schreiben von Tagebüchern wohl auch der Kompensation. Probleme, in diesem Fall wirtschaftliche Schwierigkeiten, standen daher generell verstärkt im Vordergrund.[174]

Als auffälligstes Einzelergebnis der Untersuchung erwies sich, dass Bräker tendenziell in wirtschaftlichen Krisenzeiten innerhalb seiner Schriften nicht nur ökonomische Schwierigkeiten, sondern generell wirtschaftliche Angelegenheiten verstärkt thematisierte. Es zeigte sich demnach die Tendenz, dass der Protagonist die wirtschaftliche Lebenssphäre innerhalb seiner Schriften verstärkt wahrnahm, wenn wirtschaftliche Probleme seine Arbeitswelt bestimmten. Anhand von diesem Ergebnis ließe sich die Schlussfolgerung einer erhöhten Aufmerksamkeit des Verlegers auf seine berufliche Tätigkeit in

[173] Vgl. Hoffmann, Gesundheit und Krankheit, S. 2.

[174] Wuthenow nennt Bräkers Schreiben einen *„Versuch [...] äußere Misserfolge und Unzufriedenheit zu überdecken"* (Wuthenow, Das erinnerte Ich, S. 99).

wirtschaftlichen Krisenzeiten schließen. Dennoch kann man die sprachliche Ausdrucksform der Wahrnehmung, wie sie innerhalb seiner Tagebücher und Aufzeichnungen untersucht wurde, nicht mit der tatsächlichen Konzentration auf die geschäftlichen Tätigkeiten gleichsetzen. Es lassen sich von diesen Ergebnissen keine gesicherten Rückschlüsse auf das tatsächliche Arbeitsverhalten des Protagonisten schließen, da Bräkers jeweilige Intention beim Schreiben eine wichtige Rolle spielte:
Die Tagebücher der 1770er Jahre entstanden vor dem Hintergrund pietistischer Selbstreflexion. In den 1780er und vor allem 1790er Jahre schrieb er dagegen zum Teil in der Absicht einer späteren Veröffentlichung. Diese sich verändernden Schreibmotivationen, hatten immer auch direkten Einfluss auf die Themen und Gegenstände, die er schriftlich verarbeitete.

3. Zwischenfazit

Es konnte mit Hilfe einer quantitativen Methode festgestellt werden, dass Ulrich Bräker innerhalb seiner Aufzeichnungen, ökonomisch relevante Aspekte in wirtschaftlichen Krisenzeiten tendenziell stärker wahrnahm. Auf diese hier herausgearbeiteten Ergebnisse und Interpretationsversuche wird hinsichtlich der Arbeitshaltung Ulrich Bräkers im sechsten Kapitel nochmals einzugehen sein.

V. Religiöse Einflussfaktoren auf Ulrich Bräkers ökonomische Denk- und Handlungsmuster – Religionssoziologische Analyse nach Max Weber

Spätestens seit den in den 20er Jahren des vorigen Jahrhunderts erschienenen Arbeiten Max Webers wurde der Einfluss religiöser Glaubensvorstellungen auf das ökonomische Verhalten der wirtschaftlich handelnden Akteure immer wieder thematisiert. Im folgenden Kapitel werden Ulrich Bräkers ökonomische Denk- und Handlungsmuster auf ihre religiöse Prägung hin analysiert.

1. Die »Weber-These«

Für den Soziologen Max Weber war die Frage nach den Antriebskräften des modernen kapitalistischen Systems eng gekoppelt an die Frage nach dem Entstehen einer kapitalistischen Wirtschaftsgesinnung, dem *„Geist des Kapitalismus"*.[175] Nach Weber sind dessen Hauptcharakteristika das Streben nach Rentabilität sowie eine rationale Arbeitsorganisation. Begleitet wird jene ökonomische Rationalität von einer rationalen Lebensführung des Menschen.[176] Den *„kapitalistischen Geist"* definierte Weber weiter als *„ethisch gefärbte Maxime der Lebensführung"*. Innerhalb dieser Lebensführung wurde Arbeit und Geldverdienen zum Selbstzweck, dem sich der Einzelne verschrieb. Gelderwerb wurde so innerhalb der kapitalistischen Wirtschaftsordnung zum Ausdruck und Ergebnis der Tüchtigkeit im Beruf. Genuss sollte hingegen strengstens vermieden werden. Auf diese Weise entstand eine an das kapitalistische System angepasste Lebensführung und Berufsauffassung, wel-

[175] Vgl. Max Weber: Die protestantische Ethik und der Geist des Kapitalismus. In: Ders.: Gesammelte Aufsätze zur Religionssoziologie I. Tübingen 1988, S. 17 – 206, hier S. 53. Um sich einer solch komplexen geschichtlichen Erscheinung wie der des »kapitalistischen Geistes« anzunähern, prägte Weber den Begriff des »Idealtypus«. Es handelt sich hierbei um eine *„Maßgröße, an der die Realität zu messen ist"*. (Walter, Einführung in die Wirtschafts- und Sozialgeschichte, S. 47).

[176] Vgl. Weber, Die protestantische Ethik, S. 4 – 12.

che asketische Grundzüge erkennen lässt. Um die spezifische Form des Denkens, welche die kapitalistische Berufsauffassung ermöglichte, zu untersuchen, wandte er sich der Berufsethik des asketischen Protestantismus zu.[177]
Unter asketischen Protestantismus verstand Weber diejenigen Glaubensrichtungen, die in der Erfüllung der innerweltlichen Pflichten die einzige Möglichkeit eines gottgerechten Lebens sahen. Er nannte vier historische Träger dieser asketischen Glaubensauffassung: den Calvinismus, den Pietismus, den Methodismus sowie aus der Täuferbewegung entstandene Sekten.[178]
Weber hatte festgestellt, dass die Angehörigen dieser Glaubensrichtungen stärker sowohl an wirtschaftlichen Führungspositionen als auch am Kapitalbesitz partizipieren.[179] Er erklärte dies damit, dass *„ein virtuoser kapitalistischer Geschäftssinn mit den intensivsten Formen einer das ganze Leben durchdringenden und regelnden Frömmigkeit in den selben Personen und Menschengruppen zusammen trifft"*.[180]
Weber interpretierte das Aufkommen der kapitalistischen Wirtschaftsmentalität demnach in Wechselwirkung mit der rationalen Ethik des asketischen Protestantismus. Es ging ihm bei seiner Untersuchung um die religiösen Glaubensinhalte sowie um die Praxis der Glaubenausführung. Er wollte jene religiösen Antriebe und Einstellungen erkennen, welche die Lebensführung einer Person determinierten. Hierbei spielten die jeweils spezifischen religiösen Glaubensinhalte eine bedeutende Rolle. Ein zentraler Punkt in pietistischen Glaubensauffassungen war der Gedanke der Gnadenwahl. Durch den Gnadenstand wurden die Menschen von der Sündhaftigkeit und Verworfenheit des Kreatürlichen getrennt. Jedoch nur durch einen spezifischen Lebensstil konnte der Gläubige diesen Gnadenstand bewahren. Voraussetzung hierfür war eine ständige, methodische Kontrolle der eigenen Lebensführung. Auf diese Weise kam es zu einer rationalen Gestaltung der Lebensweise, welche am Willen Gottes orientiert war. Im Gegensatz zu den asketisch lebenden

177 Vgl. ebenda, S. 30 – 62, Zitat auf S. 33f.

178 Vgl. ebenda, S. 84.

179 Vgl. ebenda, S. 18f.

180 Ebenda, S. 23.

Mönchsgemeinschaften existierte diese Askese nicht mehr außerhalb, sondern innerhalb der weltlichen Ordnungen. In pietistischen Glaubensvorstellungen wurde die Berufsarbeit als bestes asketisches Mittel angesehen. Durch den beruflichen Erfolg segnete demnach Gott die Menschen. Weber untersuchte die Auswirkungen dieser Berufsidee auf das alltägliche Erwerbsleben.[181]

Er stellte bei allen Richtungen des asketischen Protestantismus einen Zusammenhang zwischen religiösen Glaubensinhalten und den Maximen des ökonomischen Handelns fest. Die von Weber analysierten protestantischen Typen betrachteten Müßiggang sowie den Genuss von Reichtum als sittlich verwerflich. Zeitvergeudung - durch Geselligkeit, Luxus etc. - wurde als schwere Sünde angesehen. Der Beruf wurde als Befehl Gottes, zu seiner Ehre zu wirken, verstanden. Arbeitsunlust wurde daher als Symptom eines fehlenden Gnadenstandes aufgefasst, da der Berufslose dem systematisch-methodischen Charakter der Lebensführung, wie sie die innerweltliche Askese voraussetze, nicht entsprechen könne. Durch gewissenhafte und sorgfältige Arbeit sei es dagegen möglich, seinen Gnadenstand zu bewahren. Reichtum wurde nur als verwerflich angesehen, solange er Ausruhen und Lebensgenuss zur Folge hatte. Das Streben nach weltlichem Besitz wurde nur dann zur Sünde erklärt, wenn damit ein späteres sorgloses Leben erreicht werden sollte. Diese protestantische Auffassung einer asketischen Berufethik nimmt nach Weber direkten Einfluss auf das Entstehen eines kapitalistischen Lebensstils. Die asketische Lebensführung war eng mit einem Verantwortungsgefühl für den weltlichen Besitz verbunden. Gott zum Ruhm sollte dieser durch rastlose Arbeit vergrößert werden. Die Folgen des asketischen Protestantismus auf das Erwerbsleben waren daher vielfältiger Natur: Der Genuss des Besitzes sowie Luxuskonsum wurden zur Sünde erklärt. Gewinnstreben wurde dagegen nicht mehr verurteilt, sondern sogar als gottgewollt propagiert, da Profit als Ausdruck von Tüchtigkeit gewertet wurde. Das Erlangen von Reichtum als Resultat einer asketischen, rationalen Berufsarbeit entsprach demnach dem Willen Gottes.

[181] Vgl. ebenda, S. 128 – 137 und S. 162f.

In Folge der innerweltlichen Askese kam es so zu einer systematischen, rastlosen Berufsarbeit, der Unterbindung von Konsum sowie zu einer Entfesselung des Erwerbsstrebens und somit zur Kapitalbildung infolge des asketischen Sparzwangs. Weber bezeichnete diese Lebensführung von daher als *„Geburtshelfer des modernen Wirtschaftsmenschen"*.[182]

2. Exkurs: Ulrich Bräkers Glaubensentwicklung und Vorsehungsglaube

Im Hause Bräker gab es neben der Bibel ausschließlich pietistische Erbauungsliteratur, so unter anderem Bücher von Johann Arndt (1555 - 1621), Samuel Lutz (1674 - 1750) und Carl Heinrich Bogatzky (1690 - 1774).[183] Die strenge, pietistische Frömmigkeit seiner Jugend und frühen Erwachsenenjahre wird an der düsteren Gedankenwelt, in der Bräker lebte, deutlich. Seine frühen Schriften geben davon Zeugnis. Sein Gottesbild wurde von der Vorstellung eines göttlichen Strafgerichts dominiert.[184]
Ein weiteres bedeutendes Element seiner Glaubensvorstellungen bestand in einem, für den Pietismus typischen, Glauben an die Vorhersehung. Jedes Ereignis der äußeren Welt wurde als Ausdruck des göttlichen Willens angesehen. Dadurch lässt sich auch seine zumindest vordergründige Schicksalsergebenheit erklären. Wendungen wie beispielsweise *„mein gott habe mir mein schiksaal auch in deisem jahr bestimmt"* finden sich des Öfteren in seinen Tagebuchaufzeichnungen.[185] Der Vorsehungsglaube des Protagonisten wurde da-

---

[182] Vgl. ebenda, S. 164 – 195; Zitat auf S. 195.

[183] Vgl. Böning, Ulrich Bräker, S. 26 – 28; Volz-Tobler, Selbstaufklärung, S. 72f. Hierbei erwähnte Bräker besonders häufig die Lektüre von Johann Arndts »Wahrem Christentum« (Vgl. Sauder, Die Bücher des Armen Mannes, S. 170). Zu Arndt und dessen Wirkung auf den europäischen Protestantismus vgl. Schicketanz, Peter: Der Pietismus von 1675 bis 1800 (Kirchengeschichte in Einzeldarstellungen, 1). Berlin 2001, v.a. S. 22f. Medick nennt Arndt den *„wichtigste[n] Vorläufer eines lutherisch geprägten Pietismus"* (Medick, Weben und Überleben, S. 533).

[184] Vgl. Hoffmann, Gesundheit und Krankheit, S. 46.

[185] Sämtliche Schriften, Bd. I, Tagebücher, S. 381.

hingehend interpretiert, dass dieser die Funktion eines Ordnungsschemas einnahm, um so alltägliche Ereignisse einordnen zu können.[186]

Fritz Redlich schrieb in einer Untersuchung über das frühindustrielle Unternehmertum, dass nur diejenigen Personen, welche den religiösen Vorsehungsglauben durchbrachen, die Voraussetzungen für wirtschaftlichen Erfolg mit sich brachten.[187] Dieser Annahme folgend sah Tanner in Bräkers religiös verankertem Fatalismus ein Hindernis für dessen wirtschaftlichen Erfolg.[188]

Volz-Tobler argumentierte allerdings überzeugend, dass der Protagonist generell nicht so schicksalsergeben war, wie er gemäß seinem Pilgerideal vorgab zu sein. Als Begründung hierfür wertete sie vor allem die Tatsache, dass der Verleger nach 1772 damit begann, ein separates Buch zu führen, in dem er Lebensmittelpreise und Meldungen über Naturereignisse eintrug. Dies habe den Grund gehabt, sich anhand der empirischen Ergebnisse zu orientieren, um nötigenfalls in das Zeitgeschehen eingreifen zu können. Die Tatsache, dass Bräker diese Beobachtungen abseits von seinen Tagebuchaufzeichnungen notierte, spreche, so Volz-Tobler, für eine Unterscheidung seiner Selbststilisierung im Tagebuch und seinem stärker gewordenen Interesse für weltliche Dinge.[189]

Ausgehend von diesen Ergebnissen, kann angenommen werden, dass der religiöse Fatalismus, wie Bräker ihn in seinen Tagebüchern zum Ausdruck brachte, keinen entscheidenden Einfluss auf seine ökonomischen Denk- und Handlungsmuster ausübte.

Lange Zeit wurde in der Forschung von einem plötzlichen Wandel in Bräkers Glaubensvorstellungen ab Mitte der 1770er Jahre ausgegangen. Begründet wurde dies mit der Aufnahme in die Aufklärungsgesellschaft und der damit verbundenen Lektüre weltlicher Literatur. Volz-Tobler schrieb, dass es sich

---

[186] Vgl. Hoffmann, Gesundheit und Krankheit, S. 47

[187] Vgl. Redlich, Frühindustrielle Unternehmer, S. 411.

[188] Tanner, Baumwollenfabrik, S. 61.

[189] Vgl. Volz-Tobler, Selbstaufklärung, S. 82. Diese als Wetteraufzeichnungen betitelte Notizen wurden abgedruckt in Sämtliche Schriften, Bd. 4, S. 1 – 74.

bei diesem Wandel um keinen Bruch, sondern um einen Entwicklungsprozess handelte, der zudem schon vor Mitte der 1770er Jahre begonnen hatte. Den Grund für diese Entwicklung führte die Autorin auf mehrere Faktoren zurück. Durch die Bekanntschaft des Protagonisten mit dem Dorfschullehrer und Dichter Johann Ludwig Ambühl (1750 - 1800) begann Bräker, sich mit aufklärerischer Literatur zu beschäftigen. Zudem standen seinem intellektuellen Entdeckergeist das Verharren im engen pietistischen Weltbild entgegen. Auf diese Weise wurden seine religiösen Glaubensvorstellungen modifiziert, so dass man später von einem optimistischen und nicht länger von einem deterministischen Glauben bei dem Protagonisten sprechen kann. Einige Autoren haben darauf aufmerksam gemacht, dass der Abkehr vom pietistischen Weltbild möglicherweise die Unerfüllbarkeit der sittlichen Gebote zu Grunde lag.[190]

Bräkers religiöser Wandel wird unter anderem daran deutlich, dass er die Hungerkrise der 1770er Jahre im pietistischen Sinn als eine Probe Gottes beschrieb, während er die Teuerung der 1790er Jahre in einem größeren volkswirtschaftlichen Zusammenhang interpretierte.[191]

Es wurde in der Bräker-Forschung zudem darauf aufmerksam gemacht, dass parallel zu dessen Glaubensentwicklung auch eine Abnahme seiner Glaubensgewissheit verzeichnet werden kann. So sind an einigen Stellen in seinen Tagebüchern Zweifel an der Gültigkeit bedeutender christlicher Glaubensgrundsätze wie den Zehn Geboten oder der Unsterblichkeit der Seele zu finden. Die Tatsache, dass aufklärerische Gedankengänge in das Denken des Protagonisten einflossen und pietistische Glaubensvorstellungen ablösten, wird unter anderem daran deutlich, dass Bräker die Tröstung auf ein besseres Leben nach dem Tod nicht mehr überzeugte. Aus seiner Erfahrung konnte er diese Güte Gottes nicht bestätigen. Empirie, als zentrale Kategorie eines aufgeklärten Weltbildes, nahm in einigen Punkten die Rolle des Glaubens ein.[192]

---

[190] Vgl. Volz - Tobler, Selbstaufklärung, S. 74 - 80

[191] Vgl. ebenda, S. 81.

[192] Vgl. Hoffmann, Gesundheit und Krankheit, S. 46f.

In ihrer Untersuchung wirft Volz-Tobler die Frage auf, inwieweit der fromme, von seinen Sünden geplagte Bräker der frühen Tagebücher mit dem real existierenden Bräker überhaupt identisch war. Es lassen sich nämlich schon zu Beginn seiner Aufzeichnungen Spuren aufgeklärten Denkens finden, die allerdings immer wieder von religiösen Skrupeln überlagert wurden. Aus diesem Grund weist die Autorin darauf hin, dass diese frühen Schriften nur bedingt als Spiegel des Protagonisten verstanden werden dürfen. Da diese frühen Tagebuchaufzeichnungen stark durch die Rolle beeinflusst waren, die er beim Schreiben einnahm, reflektieren sie nur einige, zumeist religiös erwünschte Aspekte seiner Persönlichkeit.[193]
Trotz dieser Ergebnisse muss man berücksichtigen, dass der Protagonist bis an sein Lebensende von der pietistischen Frömmigkeitspraxis seiner jungen Jahre geprägt wurde und immer ein gläubiger Mensch blieb.[194]

3. Ulrich Bräkers Arbeits- und Berufsethik

Um sich dem Begriff »Arbeit« in Ulrich Bräkers Gedankenwelt der frühen Tagebücher anzunähern, wird zunächst seine Schrift mit dem Titel *„lob der nützlichen arbeit"* vom Oktober 1772 untersucht. Die hier vertretenen Vorstellungen und Auffassungen spiegeln den Grundtenor seiner Einstellung gegenüber der Arbeit wider, wie er sie in seinen frühen Tagebüchern vertrat. Hierin bezeichnete er es als *„gebott gottes, das der mensch arbeitten sole"* und sprach davon, *„das der müsiggang des teüffels hauptküse ist"*. Denn, so Bräker weiter: *„ohne eine nützliche arbeit zu treiben kann schwärlich ein mensch tugenthafft leben in dieser welt"* und ist so *„allen lasteren bloßgestelt"*. Im Gegensatz zum *„müsiggänger"*, den *„alle zeit ein böses gewüßen naget und noch im tode quellet"*, *„kann ein arbeitsamer man (wan er from ist) ein ruhiges gewüsen mit sich tragen, und auch mit sich auf das todbett nehmen und sich des himels getrösten"*.[195]

---

[193] Vgl. Volz-Tobler, Selbstaufklärung, S. 83 – 92.

[194] Vgl. Hoffmann, Gesundheit und Krankheit, S. 46.

[195] Vgl. Sämtliche Schriften, Bd. I, Tagebücher, S. 447f.

Eine auf die Ewigkeit ausgerichtete Lebensführung wird hier erkennbar. Dahinter steht der Gedanke der Gnadenwahl. Nur wer sich gottgerecht, das heißt tugendhaft und arbeitsam verhalte, könne seinen Gnadenstand bewahren und so die Freuden der Ewigkeit genießen. Auf die Anderen würden die Qualen der Hölle warten, denn nur durch Arbeit könne man den irdischen Verführungen entkommen, und so das *„jammerthal"*[196] sicher durchqueren. Man erkennt die von Weber beschriebene Verbindung von religiösen Glaubensinhalten und Arbeitsethik. Aufgrund seiner pietistischen Glaubensauffassungen fühlte sich Bräker vor Gott zur Arbeit verpflichtet.[197]

Für den Protagonisten reichte es aber nicht aus, ein arbeitsames Leben zu führen, um den Geboten Gottes zu entsprechen. Vielmehr spielte für ihn auch die jeweilige Motivation um zu arbeiten eine bedeutende Rolle. So schrieb er im Oktober 1772:

> „es gibt so ville falsche treibreder zur arbeit, die gott nicht gefehlig ist. Den einten treibt der geitz, den anderen die hofart; ein anderer verzehrt in einer stund, was er offt in einer wochen erarbeitet hat. Drum sag ich mit bedacht, und hab es auß eigner erfahrunug das die arbeit nicht gesegnet und gottgefehlig ist, wan sey nicht mit der forcht gottes, und einer mäsigen sparsamkeit begleitet ist."[198]

Anhand dieser Zitate zeigen sich typische Glaubensauffassungen des asketischen Protestantismus, wie sie von Weber beschrieben wurden. Die Arbeit bezeichnete Bräker hier als asketisches Mittel um den Verführungen der Welt bzw. des Teufels zu entgehen. Diese war für ihn aber nur dann gottgerecht, wenn sie von Ehrfurcht[199] vor Gott und Sparsamkeit begleitet wurde.

---

[196] Ebenda, S. 385.

[197] Zudem argumentierte Bräker im „lob der nützlichen arbeit" auch hinsichtlich gesundheitlicher Aspekte. Zum gesundheitlichen Aspekt der Arbeit innerhalb der Aufzeichnungen Bräkers weiter bei Hoffmann, Gesundheit und Krankheit, S. 83 – 86.

[198] Ebenda, S. 449.

[199] Unter »Ehrfurcht« versteht man *„höchste Wertschätzung; ein in sich spannungshafter Gefühlsbezug, der durch Nähe und zugleich Distanz (Abstand aus Scheu zu verletzen) zum verehrten Gegenstand gekennzeichnet ist"* (Brockhaus Enzyklopädie in vierundzwanzig Bänden. Bd. 6. Mannheim [22]1993, S. 137). Diese Definition dient per se als gutes Beispiel für pietistische Glaubensvorstellungen.

Diese religiös fundierten Einstellungen entsprachen allerdings nur bedingt dem tatsächlichen Handeln des Verlegers. Vielmehr lässt sich ein Hang zum Müßiggang erkennen.[200] Es zeigt sich ein für die frühen Tagebücher des Verlegers prägender Gegensatz zwischen Vorhaben bzw. Glaubensinhalten und tatsächlichem Handeln.[201] Dieser Widerspruch bekräftigt somit die oben erläuterte These, dass der stark gläubige Bräker der frühen Tagebücher seiner eigenen Stilisierung im Tagebuch im Alltag nicht vollständig entsprach.

Parallel zum Wandel seiner religiösen Vorstellungen, veränderte sich die Einstellung des Protagonisten zur Arbeit. Er stellte sich die Frage, ob es denn Sünde sein könne, sich zur Erholung von der Arbeit ein paar Stunden Pause zu gönnen.[202] Seinem Beruf treu und redlich zu folgen, betrachtete er aber weiterhin als positiv.[203] Arbeit wurde vom Protagonisten während dieser zweiten Phase vermehrt mit Feierabend oder Erholung in Verbindung gebracht.[204] Es werden hinsichtlich des Müßiggangs aber auch widersprüchliche Aussagen des Verlegers deutlich. Einerseits schrieb er, dass Erholung und Vergnügen kein Verbrechen sein könnten, anderseits hielt er sich deswegen später selbst eine Strafpredigt.[205] Ein gewisser Widerspruch zwischen Realität und Anspruch bestimmte offensichtlich weiterhin sein Denken und Handeln. Dies lässt sich aber zum Teil durch die jeweiligen Stimmungslagen Bräkers beim Schreiben erklären.

Weber schrieb, dass innerhalb protestantisch-asketischer Glaubensauffassungen, ausgehend von dem Glaubensgrundsatz, dass der Gläubige nur durch rastlose Berufsarbeit seinen Gnadenstand bewähren könne, Zeitverschwendung als prinzipiell schwerste Sünde wahrgenommen wurde.[206] Auch bei

---

[200] Vgl. zum Beispiel Sämtliche Schriften, Bd. I, Tagebücher, S. 159 und S. 164f.

[201] Böning spricht in diesem Zusammenhang von einer „Diskrepanz zwischen den an ihn [gemeint ist Bräker] gestellten Anforderungen und seiner Fähigkeit, ihnen gerecht zu werden" und bezeichnet dies als „Quelle latenter Unzufriedenheit". Vgl. Böning, Ulrich Bräker, S. 112.

[202] Vgl. Sämtliche Schriften, Bd. II, Tagebücher, S. 7 und S. 26.

[203] Vgl. ebenda, S. 33.

[204] Vgl. zum Beispiel ebenda, S. 134 und S. 184.

[205] Vgl. ebenda. 387 und S. 416.

[206] Vgl. Weber, Die protestantische Ethik, S. 167.

Bräker zeigte sich ein Bewusstsein dafür, die Zeit nicht verschwenden zu dürfen. So schrieb er im Juni 1770:

> „mein heyland lehre doch du mich die köstliche gnäden zeit, die du mir schenkest, whol theillen und anwenden das ich ja niemal das minder nöthige thüe, und das nöthigere versaume."[207]

Der Protagonist nahm hier Zeit als Ressource war, mit der man möglichst verantwortungsvoll umzugehen habe. Dass er aber Zeitverschwendung als schlimmste Sünde wahrnahm, lässt sich innerhalb der Aufzeichnungen nicht nachweisen und erscheint von daher unwahrscheinlich.

Weber vertrat in seinen Arbeiten die Auffassung, dass innerhalb der asketisch-protestantischen Glaubensrichtungen der Grundsatz vertreten wurde, dass der Gläubige seinen Beruf als eine von Gott gestellte Aufgabe erfüllen müsse. Der Beruf wurde somit als Dienst an Gott bzw. als »Berufung« verstanden.[208]

Diese Auffassung hinsichtlich seines Berufes lässt sich bei Ulrich Bräker nicht feststellen. Es lassen sich innerhalb seiner Aufzeichnungen keine Aussagen finden, die darauf hindeuten, dass er sich zu seinem Beruf als Verleger von Gott berufen fühle. Vielmehr bezeichnete er den Handel im Gegensatz zur bäuerlichen Arbeit als keinen gesegneten Beruf. Denn es *„steket sünde zwüschent II keüffer und verkeüffer"*. Aus diesem Grund hoffte er *„diese verdrießliche provesion zu verthauschen. dan gott weist wie schädlich und gefährlich dieselbe vor meine seele ist"*.[209] Anhand dieses Zitats wird deutlich, dass der Verleger seinen Beruf als Gefahr für sein Seelenheil empfand, da dieser zur Sündhaftigkeit verleite. Innerhalb der frühen Tagebücher begründete er die Ablehnung der Handelsgeschäfte zudem damit, dass ihm aufgrund seiner verlegerischen Tätigkeit nicht mehr genügend Zeit zum beten und damit für ein gottgerech-

[207] Ebenda, S. 176.

[208] Luther war dagegen davon ausgegangen, dass der Mensch sich lediglich in seinen Beruf zu fügen hätte. Vgl. Weber, Die protestantische Ethik, S. 77 – 79.

[209] Sämtliche Schriften, Bd. I, Tagebücher, S471f.

tes Leben bleibe.[210] Allerdings finden sich auch gegenteilige Äußerungen, in welchen er davon sprach seinen *„beruff fleisig abwarten"* zu wollen.[211] Es ergibt sich also ein widersprüchliches Bild. Die von Weber postulierte These, dass die Anhänger des asketischen Protestantismus die Glaubensauffassung vertraten, durch rastlose Ausübung ihres Berufes einen Dienst an Gott zu leisten, um so das Seelenheil zu erreichen, lässt sich für Bräker so nicht feststellen, da er den Beruf des Händlers als sündhaft betrachtete.
Im Laufe der Jahre und parallel zu seiner Glaubensentwicklung änderte sich auch seine Einstellung zum Handel. So schrieb er im Juni 1779:

> „mein kaufhandel ist [...] mir vielmal gantz lästig [...] - zum ersten, will ich nicht geschikt genug darzu bin - und zweitens will ich mit so viel wiedrigen leüten muß zuthun haben - will ich allzu lichtgläübig bin, von so vielen gesindel betrogen werde, das mir mein gemüth gantz confus macht, und mich lange nicht erhollen kann. - wan ich aber ein bisgen aufgeheitert bin und so drüberhin dennke dannk ich der gütigen vorsehung hertziniglich vor mein geringes berüffle, nicht einzig darum, will ich meine knochen nicht so sehr muß anstrengen [...] und ein bisschen besser leben kann; sonder für die gelegenheit der welt ein bisgen zunützen - hundert meiner nebendmenschen arbeit und brodz zuverschaffen;"[212]

Dieser Tagebucheintrag verdeutlicht einerseits eine veränderte Einstellung zu seinen Handelsgeschäften sowie anderseits einen Wandel in der Argumentation. Zudem wird erkennbar, dass seine jeweiligen Einstellungen, wie er sie in seinen Tagebüchern zum Ausdruck bringt, auch von der jeweiligen Stimmungslage geprägt sind.
Die zum Teil ablehnende Einstellung gegenüber seiner beruflichen Tätigkeit begründet er an dieser Stelle mit seinen geschäftlichen Kontakten zu *„wiedrigen leüthen"*, welche ihn oft betrügen würden, sowie mit seinen eigenen mangelhaften Fähigkeiten im Handelsgeschäft. Persönliche Erfahrungen seiner alltäglichen Geschäftspraxis dürften demnach wesentlich zur Herausbildung dieser Einstellungen beigetragen haben.

---

[210] Vgl. beispielsweise Sämtliche Schriften, Bd. I, Tagebücher, S. 622.

[211] Ebenda, S. 436.

[212] Sämtliche Schriften, Bd. II, Tagebücher, S. 98.

Erklären lassen sich diese Äußerungen außerdem durch seine kleinbäuerliche Lebenswelt, in welcher eine handelsfeindliche Grundhaltung weit verbreitet war.[213] Diese Vorstellungen beeinflussten wohl auch das Denken des Verlegers. Inwieweit diese traditionalistischen Vorstellungen auf die ökonomischen Denk- und Handlungsmuster des Protagonisten wirkten, wird im nächsten Kapitel detaillierter untersucht.

Während die Ablehnung des Handels zu Beginn der 1770er Jahre mit religiösen Motiven begründet wurde, spielen in der späteren Argumentation religiöse Inhalte kaum mehr eine Rolle. Einzig am Glauben an die Vorsehung, welcher der Verleger seine berufliche Tätigkeit zu verdanken habe, sind religiöse Glaubensauffassungen erkennbar. Hiervon lässt sich allerdings, wie oben bereits dargelegt, nicht schlussfolgern, dass Bräker sich im Sinne Webers von Gott zum Händler berufen fühlte. Es zeigt sich anhand dieser Stelle lediglich sein in den Tagebüchern häufig vertretener Vorsehungsglaube, welcher in der Bräker-Forschung aber problematisiert wurde.[214]

Die veränderte Einstellung zum Handel verdeutlicht einerseits den Wandel des Protagonisten zu einer aufgeklärten Person. Zum anderen lässt sich aber, in Bezug zu der These Volz-Toblers, dass die frühen Tagebücher nur eingeschränkt als Spiegel der Persönlichkeit Bräkers verstanden werden dürfen, fragen, inwiefern die religiöse Begründung seiner ablehnenden Haltung gegenüber den Handelsgeschäften zu Beginn der 1770er Jahre, seinem tatsächlichen Denken entsprach. Es könnte durchaus sein, dass schon zum damaligen Zeitpunkt konkrete alltägliche Erfahrungen zu dieser Haltung bei dem Verleger geführt hatten. Im Sinne seiner Selbststilisierung begründete er seine Ablehnung aber mit religiösen Motiven.

Den Handel beurteilte der Verleger nämlich im Jahr 1779, wie anhand des obigen Zitats zu sehen ist, nicht mehr durchweg negativ. Positive Aspekte wurden nun hervorgehoben. Zu jenem Zeitpunkt hatte sich die wirtschaftli-

---

[213] Vgl. Blickle, Renate: Nahrung und Eigentum als Kategorien in der ständischen Gesellschaft. In: Schulze, Winfried (Hrsg.): Ständische Gesellschaft und soziale Mobilität (Schriften des Historischen Kollegs, 12). München 1998, S. 73 – 94, hier S. 79f.

[214] Vgl. in diesem Kapitel unter Punkt 2.

che Situation im Vergleich zu der Krise zu Beginn des Jahrzehnts erheblich entspannt. Die verbesserte Lage seines Verlages dürfte daher zu einer positiveren Haltung Bräkers gegenüber dem Handel im Allgemeinen nicht unerheblich beigetragen haben. Hier zeigt sich eine Wechselwirkung zwischen sich verändernder »äußerer« Wirklichkeit und seinen in den Tagebüchern zum Ausdruck kommenden Denkmustern.

4. Ulrich Bräkers asketische Glaubensvorstellungen

Ulrich Bräkers pietistische Glaubensauffassung wurde vor allem in seinen frühen Tagebüchern deutlich. Dementsprechend wurden auch asketische Glaubensvorstellungen sichtbar. Genüsse, wie z.B. Volksfeste lehnte er, gemäß den pietistischen Auffassungen, als sündhaft ab.[215] Ebenso verurteilte er die Kleidermoden und den Luxuskonsum seiner dörflichen Umgebung.[216] In Bezug auf weltliche Besitztümer sprach er von der *„nichtigkeit aller dieser dinge"*.[217] Eine gewisse Position der Weltentsagung wird erkennbar.[218]

Allerdings wurde es für ihn zur inneren Zerreißprobe, dieser asketischen Lebensführung in der Realität zu entsprechen, da er starke weltliche und sinnliche Begierden, eine *„Neigung zu allen Arten von Ausschweifungen"* fühlte.[219] Als bestes Mittel um das ungezügelte Fleisch zu bändigen erachtete er *„creütz und leiden"*.[220] Der Protagonist nahm das Leben, gemäß der typisch pietistischen Glaubensauffassung, als *„creützweg"*, also als das Aushalten von Elend und Not, wahr.[221] Als Tugenden um dieses Leben durchzustehen, empfahl er *„betten von hertzen, sparren, und demüthig sein, uns der mäßigkeit beflisen"*.[222]

---

[215] Vg. Sämtliche Schriften, Bd. I, Tagebücher, S. 166.

[216] Vgl. ebenda, S. 227f.

[217] Ebenda, S. 398.

[218] So schrieb er beispielsweise während der Hungerkrise zu Beginn der 1770er Jahre: *„ach gott wie sehr verrathen wir uns selber, das unser hertz an diese jrdische dinge gehefft, und das die welt unser gott sey."* Vgl. ebenda, S. 220.

[219] Sämtliche Schriften, Bd. IV, Lebensgeschichte, S. 526.

[220] Vgl. beispielsweise Sämtliche Schriften, Bd. I, Tagebücher, S. 249 und S. 414f, Zitat auf S. 414.

[221] Ebenda, S. 320. Zur Metapher des »schmalen Weges« bzw. des »Kreuzweges« in pietistischen Glaubensauffassungen vgl. Medick, Weben und Überleben, S. 552 – 558.

Wie auch schon zum Teil in Bezug zur Arbeitsethik werden hier von Weber beschriebene wesentliche Charakteristika des asketischen Protestantismus deutlich. Die religiöse Ablehnung aller weltlichen Genüsse hätte gemäß dem deutschen Soziologen zu einem Sparzwang bei Bräker führen müssen. Gemeinsam mit der rastlosen Berufsarbeit wären so günstige Voraussetzungen für wirtschaftlichen Erfolg und zur Kapitalbildung geschaffen worden.
Es wird allerdings anhand der Aufzeichnungen des Protagonisten erkennbar, dass es ihm, trotz seiner religiösen Vorsätze, nicht recht gelang, enthaltsam zu leben. Er gab beispielsweise viel Geld für Wirtshausbesuche und, in der späteren Lebensphase, für teure Reisen aus.[223] Der Widerspruch zwischen seinen religiös verankerten Vorsätzen und seinem tatsächlichen Handeln klingt bei der Lektüre seiner Schriften immer wieder durch. Erklären lässt sich dieser Gegensatz von Vorsätzen und Verhalten zum Teil damit, dass für den Protagonisten die sittlichen Vorschriften aufgrund seiner Charaktereigenschaften schlichtweg nicht einzuhalten waren.[224]
Es gibt zudem noch einen anderen Zugang, um das Fehlen einer asketischen Lebensführung, zumindest für die spätere Lebensphase, nachzuweisen. Das Vorkommen von Luxusgütern - Uhren, Porzellangeschirr, Besteck - spiegelt das Gegenteil asketischer Lebensführung wider, da es sich für die damalige Zeit um Gegenstände des gehobenen Bedarfs handelte. Diese Gegenstände gehörten nicht zur gewöhnlichen Einrichtung eines ländlichen Haushalts und zeigen zudem ein gewisses Repräsentationsbedürfnis.[225] Gesichert ist, dass

222 Vgl. Sämtliche Schriften, Bd. I , Tagebücher, S. 228.

223 Zu Wirtshausbesuchen vgl. zum Beispiel: Sämtliche Schriften, Bd. I, Tagebücher, S. 496f; zu den Reisen vgl. zum Beispiel Sämtliche Schriften, Bd. II, Tagebücher, S. 427 - 429. Zu seinen Reisen und deren Einfluss auf sein Schreiben vgl. außerdem Bürgi, Andreas: Die Reisen, die Schlacht. Zu einer Voraussetzung von Ulrich Bräkers Tagebuch. In: Messerli, Alfred/Muschg, Adolf (Hrsg.): Schreibsucht. Autobiographische Schriften des Pietisten Ulrich Bräker (1735 - 1798)(Arbeiten zur Geschichte des Pietismus, 44), S. 116 - 128; ein guter Überblick über die vielen Vergnügungsreisen Bräkers zwischen 1782 und 1798 findet sich bei Stadler, Alois/Göldi, Wolfgang: Heriemini – welch eine Freyheit!. Ulrich Bräker über „Himmel, Erde und Höll". Zürich 1998, S. 70f.

224 Vgl. Volz-Tobler, Selbstaufklärung, S. 80.

225 Vgl. Medick, Weben und Überleben, S. 518 – 520; Sczesny, Kontinuität und Wandel, S. 341.

der Verleger in der ersten Hälfte der 1780er Jahre eine Uhr im Wert von 24 fl. sowie *„etlich stük cavegeschirr"* für sich bzw. seinen Haushalt erwarb.[226] Medick bezeichnete solche Gegenstände als *„typische Statusgüter des zeitgenössischen bürgerlich - kultivierten Konsums"*.[227] Bei dem Erwerb dieser Luxusgegenstände in den frühen 1780er Jahren erwähnte Bräker keine Gewissensbisse. Das asketische Ideal der frühen Aufzeichnungen war hier schon nicht mehr erkennbar. Diese bürgerlichen Verbesserungen im Haushalt des Protagonisten entsprechen zudem seinem Wandel zu einer aufgeklärten Persönlichkeit.

5. Ulrich Bräkers Einstellung zum Reichtum

In seiner »Lebensgeschichte« beklagte Bräker, dass ihm eine auf Gewinn ausgerichtete Haltung fehle: *„Jhr seht also, meine Lieben! Dass Schätze sammeln meiner ganzen Natur zuwider ist."*[228] In diesem Zusammenhang sprach er auch von *„Geldverachtung"*.[229]
Wie oben schon beschrieben, kann man in den frühen Aufzeichnungen des Protagonisten eine deutlich ablehnende Haltung gegenüber Handelsgeschäften feststellen. Diese Ablehnung kam auch gegenüber Reichtum im Allgemeinen zum Ausdruck. So schrieb er 1774: *„und die reichen [...], die könen nie genug sorgen vor ihrn geitz und reichthum"*.[230] Reichtum lehnte er, charakteristisch für die frühe Phase seines Schreibens, aus religiösen Gründen ab, da dieser zur *„wolust"* verleiten würde und Gott sich im Gegensatz zu den Reichen *„allezeit lieber zu den armen gewendet und sey säliger gepriesen"* habe.[231]

---

[226] Zur Uhr vgl. Sämtliche Schriften, Bd. II, Tagebücher, S. 469; zu *„cavegeschirr"* vgl. ebenda, S. 347.

[227] Medick, Weben und Überleben, S. 521.

[228] Sämtliche Schriften, Bd. IV, Lebensgeschichte, S. 541.

[229] Ebenda, S. 526.

[230] Sämtliche Schriften, Bd. I, Tagebücher, S. 622.

[231] Ebenda, S. 342.

Zudem seien materielle Dinge häufig der Auslöser für Streit und Krieg unter den Menschen.[232]

Weber ging in seinen Analysen davon aus, dass die Glaubensinhalte des asketischen Protestantismus den Gläubigen dazu verpflichteten, den Besitz zur Ehre Gottes durch rastlose Berufsarbeit zu vermehren. Reichtum wurde daher innerhalb dieser Glaubensrichtungen als Ausdruck eines gottgerechten Lebens wahrgenommen. Auf diese Weise wurde Gewinnstreben religiös legitimiert.[233]

Dieser Effekt lässt sich bei dem Protagonisten nicht feststellen. Seine pietistischen Glaubensauffassungen führten nicht dazu, dass er Reichtum als Zeichen göttlichen Auserwähltseins ansah. Vielmehr bezeichnet er weltliche Besitztümer als *„schatten und rauch, und unser bemühung gar nicht wert"*.[234] Dementsprechend kam es bei ihm zu keiner religiösen Legitimation von Gewinnstreben. Es ergibt sich hinsichtlich der von Bräker vertretenen Glaubensvorstellungen das Bild einer Spielart des Pietismus, welche nicht wirtschaftlichen Erfolg oder diesseitiges Wohlergehen als ein Zeichen des Gnadenstandes ansah. Wie aus dem Gleichnis des Lebens als »Kreuzweg« hervorgeht, spielte dagegen das Aushalten von *„leiden, schmach und pein"* in der »Nachfolge Jesu« die entscheidende Rolle, um das »Seelenheil« zu erlangen.[235]

6. Ulrich Bräkers Armutsverständnis

Rudolf Braun weist darauf hin, dass eine veränderte Einstellung zu Armut eng mit dem protestantischen Arbeitsethos verknüpft war. Armut wurde dementsprechend oft von den protestantischen Gläubigen mit Faulheit und Müßiggang in Verbindung gebracht. Dies geschah sozusagen im Umkehr-

[232] Vgl. ebenda, S. 576.

[233] Vgl. Weber, Die protestantische Ethik, v.a. S. 189 – 192.

[234] Sämtliche Schriften, Bd. I, Tagebücher, S. 396.

[235] Ebenda, S. 406f. Medick stellte für den württembergischen Pietismus ebensolche Charakteristika einer »protestantischen Ethik« fest. Dies begründete er damit, dass solche Glaubensauffassungen der »sozialen Wirklichkeit« angepasst wurden. Vgl. Medick, Weben und Überleben, S. 36 – 37.

schluss, da Reichtum und geschäftlicher Erfolg als Ausdruck göttlichen Auserwähltseins angesehen wurden.[236]

Hiervon ausgehend wird nun Ulrich Bräkers Einstellung zur Armut anhand seiner Tagebucheinträge sowie seiner »Rede über den Gassenbettel« untersucht. Vor allem in den frühen Tagebüchern des Protagonisten erwähnte er Armut häufig in einem positiven Zusammenhang. So schrieb er zum Beispiel: *„ich glaube aber [...] die willige armuth zu allen zeiten in allen umständen seie gott sehr angenehm"*, denn sein *„heyland [sei] auch arm gewesen auf dieser welt"*.[237] Demnach betrachtete er ein Leben in Armut als gottgerecht. Allerdings gab Bräker zu, dass wenn *„schulden angstigen, und die nahrungs sorgen quellen [...] wie unwillig bin ich als dan arm"*[238] Daraus kann man schließen, dass seine Einstellungen zur Armut auch immer von der jeweiligen wirtschaftlichen Lage abhingen, in welcher er sich befand. Insgesamt überwiegen aber Aussagen wie folgende vom Mai 1779: *„welche wolthat, himmel welche wolthat vor deine söhne, ist armut u elend."*[239] Positive Aspekte der Armut hob er demnach in dieser frühen Phase seines Schreibens insgesamt hervor. Es finden sich aber auch schon hier wenige, zum Tenor dieser Aussagen widersprüchliche Bemerkungen. So schrieb er im Oktober 1771:

> „er machet reich und machet arm, wen und wan er will; er plaget die menschen mit hunger wan sey seine edle gaaben mit füsen getretten. Er settigt sey aber auch wider, wan sey genug gedemüthiget sind".[240]

Diese Passagen lassen sich dahingehend interpretieren, dass Bräker Not und Armut als gottgerechte Strafe ansah. Dementsprechend wäre Armut aufgrund der Sündhaftigkeit der Menschen durchaus selbstverschuldet. Reichtum dagegen ein Zeichen des göttlichen Erwähltseins.

---

[236] Vgl. Braun, Industrialisierung und Volksleben, S. 215.

[237] Sämtliche Schriften, Bd. I, Tagebücher, S. 342.

[238] Ebenda, S. 341.

[239] Sämtliche Schriften, Bd. II, Tagebücher, S. 80.

[240] Sämtliche Schriften, Bd. I, Tagebücher, S. 362.

Für die von pietistischer Selbstreflexion geprägten frühen Tagebücher konnte demnach eine ambivalente und widersprüchliche Einstellung des Protagonisten zur Armut festgestellt werden: Einerseits bezeichnete er Armut als gottgerechtes Leben, Reichtum dagegen eher als sündhaft. Andererseits wieder betrachtete er Not und Elend als Ausdruck der Strafe Gottes wegen der Sünden der Menschen. Dieses widersprüchliche Bild lässt sich nur schwer auflösen. Eventuell wurden hier unterschiedliche, vorherrschende Glaubensvorstellungen auf die jeweilige Stimmung angepasst und in seinen Aufzeichnungen verarbeitet. Es ließ sich dennoch größtenteils nicht feststellen, dass Bräker Armut als selbstverschuldet erachtete.

In seiner »Rede über den Gassenbettel«[241], welche er am 26. April 1790 vor der Moralischen Gesellschaft im Toggenburg hielt, behandelte er das Problem der Armut aus einer pragmatischen Perspektive. Der religiöse Bezug fehlte hier beinahe vollständig. Dies erklärt sich zum einem aus Bräkers innerer Wandlung hin zu einer aufgeklärten Persönlichkeit, anderseits durch das aufgeklärte Publikum vor dem er die Rede hielt. In dieser Rede sprach der Verleger davon, dass zum größten Teil der weit verbreitete Gassenbettel nicht aus wirklicher Armut herrühre, sondern selbstverschuldet sei. Der Grund hierfür sei der weitverbreitete Hang zur Faulheit und zum Müßiggang, denn viele der Bettler könnten in Wirklichkeit, wenn sie nur wollten, arbeiten. Für diejenigen, welche wirklich nicht arbeiten könnten und daher Armut erlitten, so der Protagonist weiter, empfände er nach wie vor großes Mitleid. Armut wurde demnach zwar auch hier nicht generell als selbstverschuldet angesehen, dennoch sieht er nun die Ursachen für die vorherrschende Armut in einem Kausalverhältnis zum weitverbreiteten Müßiggang und gestiegenen Bedürfnissen. Der »aufgeklärte« Bräker glorifizierte die Armut nicht mehr aus religiösen Motiven. Vielmehr bezeichnete er die Bettlerscharen als *„zimliche landplage [...] unter denen so viele sind – die im stande wären selber jhr brodt mit jhren händen zuverdienen – wan dieselben nicht verwöhnt und zufaul wären"*.[242] Dieses veränderte Armutsverständnis stand wohl im Zu-

[241] Vgl. Sämtliche Schriften, Bd. IV, Rede über den Gassenbettel, S. 561 – 568.

[242] Sämtliche Schriften, Bd. III, S. 509.

sammenhang mit Bräkers Wandel zur aufgeklärten Person. Wirtschaftsmaximen der Aufklärung werden anhand der Argumentation erkennbar. Religiöse Motive konnten dagegen für die Herausbildung dieser Auffassungen nicht nachgewiesen werden.

7. Zwischenfazit

Ausgangspunkt dieses Kapitels war die »Weber-These«. Es wurden die wesentlichen Charakteristika des asketischen Protestantismus, in Bezug zur Entstehung eines »kapitalistischen Geistes«, am Beispiel von Ulrich Bräkers Glaubensvorstellungen untersucht. Vor allem für die frühen Tagebücher konnten wesentliche Übereinstimmungen mit den von Weber beschriebenen »idealtypischen« Annahmen festgestellt werden. Insgesamt ließ sich aber beim Protagonisten nicht die Entstehung eines »kapitalistischen Geistes« aufgrund seiner asketisch-protestantischen Glaubensauffassungen feststellen. Zudem wurden häufige Widersprüche zwischen Bräkers pietistischen Glaubensvorstellungen, wie er sie in seinen Tagebüchern vertrat, und dem realen Handeln erkennbar.

VI. Ulrich Bräkers ökonomische Denk- und Handlungsmuster zwischen kleinbäuerlicher Lebenswelt, kapitalistischen Marktzusammenhängen und aufgeklärter Weltanschauung

In diesem Kapitel werden Ulrich Bräkers ökonomisches Denken und Handeln vor dem Hintergrund der wissenschaftlichen Diskussion über die vorherrschende (Wirtschafts-) Mentalität während der Protoindustrialisierung untersucht. Dabei baut die Argumentation auf den bisher erarbeiteten Ergebnissen auf.

1. »Rationalität« vs. bäuerlichen »Traditionalismus« - die Mentalität während der Protoindustrie im Widerstreit der Meinungen

Die neoklassische Wirtschaftstheorie geht vom Idealtypus des »Homo oeconomicus« aus. Es handelt sich dabei um das Bild eines am »Eigennutz« orientierten und dem Prinzip der Gewinnmaximierung folgenden (Wirtschafts-) Menschen. Dieses theoretische Konstrukt setzt eine Zweckrationalität des Menschen als anthropologische Konstante voraus.[243]

Im Gegensatz zum »Homo oeconomicus-Modell« der neoklassischen Wirtschaftslehren erachteten Vertreter der Historischen Schule um Gustav Schmoller eine stufenweise stattfindende Entwicklung der Wirtschaft als Voraussetzung für die Entstehung des Erwerbstriebes. Ebenso gingen Werner Sombart und Max Weber von sukzessiver Herausbildung kapitalistischen Handelns aus.[244]

---

[243] Vgl. Volkmann, Homo oeconomicus, S. 1 – 9 sowie Rolle, Homo oeconomicus, S. 298 – 301. In der neueren Wirtschaftstheorie wird das Modell des „Homo oeconomicus" sehr kritisch hinterfragt vgl. zum Beispiel Schoefer, Martin: Ökonomik – Experimentelle Wirtschaftsforschung – Wirtschaftsethik (Philosophie und Ökonomik, 5) Münster 2005, S. 1.

[244] Vgl. Reith, Lohn und Leistung, S. 78 – 104. Reith macht darauf aufmerksam, dass sich die von der Historischen Schule vertretenen Auffassungen hinsichtlich dieser Wirtschaftsmentalität nicht auf empirische Einzeluntersuchungen stützte (Vgl. ebenda, S. 104).

Das Forschungskonzept der Protoindustrialisierung von Peter Kriedte, Hans Medick und Jürgen Schlumbohm knüpfte an diese Annahmen an.[245] Die Göttinger Autoren gingen davon aus, dass die ländlichen Unterschichten während der Protoindustrialisierung, trotz gewerblicher Tätigkeiten, keine kapitalistische Rationalität internalisierten. Auch wenn, so die Annahme, Wirtschaft und Gesellschaft zunehmend durch die kapitalistische Organisation von Absatz und Vertrieb bestimmt wurden, breitete sich kapitalistisches Gewinndenken nur sehr zögernd in der Produktionssphäre aus. Vielmehr spielte in ländlichen Haushalten die Subsistenzsicherung die entscheidende Rolle. Die landwirtschaftlichen Produzenten nutzten demnach zwar Gewinnmöglichkeiten, verfolgten aber eine Strategie der *„begrenzten Ziele"*.[246] Es wurde davon ausgegangen, dass Arbeitsaufwand und Bedürfnisbefriedigung in gegenseitiger Abhängigkeit standen und somit eine »labour-consumer-balance« in der ländlichen Produktionsweise dominierte. Gemeint ist hiermit der »natürliche« Zusammenhang von Arbeit, Bedürfnis und Genuss. Geld, welches die Bedarfsdeckung überstieg, wurde daher zur Bedürfnisbefriedigung, beispielsweise zum Luxuskonsum, verwendet. Die Aufnahme einer gewerblichen Tätigkeit stand demnach in direktem Zusammenhang mit dem Bedürfnis den eigenen Bedarf zu decken.[247] Hiervon ausgehend, und mit dem Begriffssystem der Marxschen Mehrwerttheorie, entwickelten die drei Göttinger Historiker die Theorie der »Selbstausbeutung«. Angenommen wurde dabei, dass die familiäre Subsistenzökonomie die Voraussetzung für die Selbstausbeutung der Haushalte bildete. Durch protoindustrielle Heimarbeit konnte die agrarisch arbeitende Bevölkerung nicht ausreichendes Einkommen aus ihrer landwirtschaftlichen Tätigkeit ausgleichen. Vor allem die landlosen

---

[245] Zu den folgenden Ausführungen vgl. Medick, Familienwirtschaft, S. 90 – 154.

[246] Zitat aus ebenda, S. 98.

[247] Im Gegensatz zu Medick u.A. geht Pfister von einer *„nutzenmaximierenden Konzeption der protoindustriellen Familienwirtschaft"* aus. Er stellte hierbei die These auf, dass die handwerkliche oder agrarische Mehrarbeit für die Mischökonomie eines Haushalts nur dann reizvoll war, wenn dadurch der Gesamtverdienst erhöht werden konnte. Diese Nutzenmaximierung löste demnach das Prinzip der Risikominimierung bei protoindustriell arbeitenden Haushalten ab. Vgl. Pfister, Die Zürcher Fabriques, S. 264 – 267, Zitat auf S. 264.

Haushalte waren hierfür allerdings nicht selten dazu gezwungen, ihre Arbeitskraft zu einem unter der Subsistenzgrenze liegenden Preis anzubieten. Möglich wurde dies durch die agrarische Basis der protoindustriellen Familienhaushalte. Der Reinertrag des Arbeitsaufwandes war demnach, so die Göttinger Autoren, nicht vollständig im Preis der Produkte enthalten. Durch die geringeren Preise gelang es diesen Familienwirtschaften, im Vergleich zu den Zünften, konkurrenzfähig zu werden. Davon wiederum konnten die Händler und Verleger profitieren, da diese die Produkte unter ihrem Reproduktionspreis erwarben und so einen spezifischen *„Differentialprofit(s)"* realisierten.[248] Dadurch wurde eine höhere Gewinnspanne erzielt. Auf diese Weise war es den Verlegern möglich, Kapital im gewerblichen Sektor zu akkumulieren. Der Selbstausbeutung der Haushalte wurde somit eine entscheidende Bedeutung bei der Herausbildung der kapitalistischen Produktionsweise attestiert. Medick nennt in diesem Zusammenhang den Familienhaushalt ein *„passives Ausbeutungsobjekt des zirkulierenden Kapitals"* sowie einen *„Agens im Wachstumsprozess des entstehenden Kapitalismus"*.[249]

Die Göttinger Autoren nahmen an, dass die protoindustriellen Produzenten, trotz ihrer Einbindung in die kapitalistischen Marktzusammenhänge, weiterhin innerhalb traditionsgebundener Normen der bäuerlichen Wirtschaft handelten. Dies wurde insbesondere aus deren fehlender Fähigkeit zu sparen sowie dem lockeren Umgang mit Geld geschlussfolgert. Den ländlichen Produzenten wurde ein rückwärtsorientiertes, in einem traditionalistischen Rahmen eingebettetes Verhalten zugeschrieben. Das Verhalten der Verleger und Händler hingegen wurden als Profit maximierend portraitiert. Für diese

[248] Zitat aus Medick, Familienwirtschaft, S. 112.

[249] Zitate aus ebenda, S. 116. In Bezug zum Theorem der Selbstausbeutung übt vor allem Mager scharfe Kritik. Er weist daraufhin, dass die Annahme, die Kaufleute hätten die Produkte zum Reproduktionspreis auf den Märkten verkaufen können, sich nicht aufrecht erhalten lässt. Denn dieser Reproduktionspreis wäre auf dem Markt nur zustande gekommen, wenn von der Subsistenz abhängige, vollberufliche Handwerker den Markt und damit die Preisbildung bestimmt hätten. Deren Waren wurden aber gerade durch die billigeren, ländlichen Konkurrenzprodukte vom Markt zurückgedrängt. Vgl. Mager, Wolfgang: Protoindustrialisierung und Protoindustrie. Vom Nutzen und Nachteil zweier Konzepte. In: GG 14 (1988), S. 275 – 303, hier S. 278.

Schicht wurde demnach von einem ökonomisch rationalen Verhalten ausgegangen.[250] Diese theoretischen Annahmen des Protoindustrialisierungskonzepts wurden in der Geschichtswissenschaft kritisch diskutiert und lassen sich in dieser Form nicht mehr aufrecht erhalten.[251]

Eng verknüpft mit der Vorstellung eines Gegensatzes zwischen moderner Rationalität und bäuerlichem Traditionalismus ist die Vorstellung der Dichotomie von »Gemeinnutz« oder »Gemeinwohl« und »Eigennutz«. Der Begriff »Gemeinnutz« wird und wurde in verschiedensten Kontexten verwendet. Mit Blick auf das Spätmittelalter sowie die Frühe Neuzeit kann dieser Begriff gewiss als Leitbegriff allen sozialen und politischen Denkens beschrieben werden. Winfried Schulze spricht daher vom »Gemeinnutz« als einem *„Regulativ für das individuelle Wohlverhalten der einzelnen Bürger"*. Soziales Handeln sollte demnach immer am gemeinen bzw. gesellschaftlichen Nutzen orientiert sein. Analog zu dieser Forderung wurde jede Form von »Eigennutz« moralisch verurteilt. Jedes individuelle Gewinnstreben sowie auch Geiz oder Wucher galten als verwerflich, und konnten unter bestimmten Umständen bestraft werden. Ziel des ständischen Wirtschaftens war nicht der Profit, sondern vielmehr die Sicherung der »Nahrung«.[252]

Richard von Dülmen weist allerdings darauf hin, dass diese Annahmen der ökonomischen und sozialen Realität nur selten entsprachen. Daher macht er darauf aufmerksam, dass der krasse Kontrast zwischen der mittelalterlichen Idee des »Gemeinnutzes« und dem kapitalistischen Eigennutzprinzip sich so

---

[250] Markus Cerman und Sheilagh Ogilvie erkannten, dass der konstruierte Kontrast zwischen den traditionalistisch wirtschaftenden Produzenten und den kapitalistisch ausgerichteten Unternehmern und Verlegern so nicht aufrecht zu erhalten ist. Hätten nämlich die Heimarbeiter nur rein subsistenzorientiert gehandelt, ließe sich der Aufstieg von Produzenten zu Verlegern nicht erklären. Vgl. Cerman, Markus/Ogilvie, Sheilagh: Einleitung: Theorien der Protoindustrialisierung. In: Cerman, Markus/Sheilagh, C. Ogilvie (Hrsg.): Protoindustrialisierungen in Europa. Industrielle Produktion vor dem Fabrikzeitalter. Wien 1994, S. 9 – 21, hier S. 14.

[251] Vgl. Gorißen, Handelshaus, S. 17 – 20.

[252] Schulze, Vom Gemeinnutz zum Eigennutz, S. 591 – 626, Zitat auf S. 598. Schulze behauptet in diesem Aufsatz, dass die Ablösung des »Gemeinnutzes« durch den »Eigennutz« vor allem im Zusammenhang mit bedeutenden Veränderungen der Lebensbedingungen stand. Vgl. ebenda, vor allem S. 616 – 626.

nicht mehr aufrechterhalten lasse. Es sei aber keinesfalls das vorherrschende Ideal gewesen, durch seine Arbeit Gewinn zu erzielen.[253]

Der marxistische Historiker Edward Thompson behauptet, dass während der Proto- und Frühindustrialisierung die Durchsetzung kapitalistischer Arbeitsdisziplin sowie der Preisbildungsmechanismus durch die Marktgesetze von großen Teilen der Bevölkerung aufgrund soziokultureller Normen abgelehnt wurden. Grund hierfür sei die Vorstellung einer »moral economy« gewesen. Diese Vorstellung ist mit der Idee des »Gemeinwohls« verschränkt. Thompson setzte für eine solche Form des Wirtschaftens folgende Annahmen voraus: Zum einen ging er von der oben schon diskutierten Vorstellung einer subsistenzorientierten Arbeitshaltung während der Frühen Neuzeit aus. Des Weiteren bezogen sich die Vorstellungen einer »moral economy« darauf, dass die Preise für Grundnahrungsmittel nur dann als gerecht galten, wenn sie ein auskömmliches Leben erlaubten. Teuerungen wurden demnach nur dann akzeptiert, wenn sie auf Grund von Missernten, nicht aber durch die anonymen Marktkräfte bzw. Wucher, zustande kamen. Es herrschte in der Bevölkerung, so Thompson, ein allgemeiner Konsens darüber, was beim Wirtschaften auf dem Markt legitim war. Im Zusammenhang mit diesen moralischen Grundannahmen wurde sogar Kriminalität, in erster Linie Diebstahl, legitimiert, wenn der Preis nicht als »gerecht« erschien. Durch die Vorstellung einer »moral economy« erklärte Thompson soziale Revolten während der Frühen Neuzeit. Ihm zufolge wären diese Revolten nie allein aus der Not heraus geboren worden, sondern hätten als Grundlage zudem Legitimationsvorstellungen gehabt.[254]

Durch die bisherigen Ausführungen wurde der Forschungsstand in Bezug auf die Diskussion über Mentalitätenwandel während der Protoindustrialisierung skizziert. Dadurch wurde gezeigt, dass sich Tanners, in der Einlei-

---

[253] Vgl. Dülmen, Die Entdeckung des Individuums, S. 110 – 113.

[254] Vgl. Thompson, Edward P.: Die „moralische Ökonomie" der englischen Unterschichten im 18. Jahrhundert. In: Ders.: Plebeische Kultur und moralische Ökonomie. Aufsätze zur englischen Sozialgeschichte des 18. und 19. Jahrhunderts. Ausgewählt und eingeleitet von Dieter Groh (Sozialgeschichtliche Bibliothek). Frankfurt/Berlin/Wien 1980, S. 66 – 129, hier vor allem S. 69 - 77; Groh, Dieter: Zur Einführung. In: Ebenda, S. 5 – 28.

tung vorgestellte These hinsichtlich Ulrich Bräkers Wirtschaftsmentalität innerhalb der Annahme eines klaren Kontrastes zwischen bäuerlichem Traditionalismus und kapitalistischer Rationalität bewegt. Neuere Arbeiten bestreiten aber diesen dichotomen Gegensatz von vormodernen und modernen Wirtschaften.[255] Im Folgenden wird analysiert, ob und inwiefern Bräker wirklich *„in seinem ökonomischen Denken und Verhalten [...] seinem kleinbäuerlichen Herkunftsmilieu [...] verhaftet"* blieb.[256] Für diese Analyse bieten die bisherigen Ausführungen den geeigneten theoretischen Rahmen. Hieran anknüpfend ergeben sich folgende Fragen: Lassen sich die ökonomischen Denk- und Handlungsmuster des Protagonisten innerhalb der Konzepte vom »Gemeinwohl« und »moral economy« einordnen? Lässt sich eine subsistenzorientierte Arbeitshaltung bei dem Verleger feststellen? Wie lässt sich sein Umgang mit dem Gegenstand Geld charakterisieren? Lässt sich eine profitmaximierende Wirtschaftsweise des Verlegers Bräker, wie sie unter anderem in der Selbstausbeutungstheorie von Kriedte u.A. beschrieben wurde, feststellen?

2. Ulrich Bräkers Vorstellungen in Bezug auf »Gemeinwohl« und »moral economy«

Bezugnehmend auf die Schweiz ging der Historiker Georg Schmidt im Jahr 1932 davon aus, dass bei den Bauern bis ins 19. Jahrhundert hinein ein ständisches Gemeinschaftsgefühl vorherrschend war. Über die Zwischenhändler und Verleger schrieb er hingegen, dass sie die *„erwerbsgierige kapitalistische Wirtschaft verkörperte[n]"*.[257]

Der Verleger Ulrich Bräker kritisierte dagegen gerade dieses kapitalistische Konkurrenzverhalten, mit welchem er in der wirtschaftlichen Praxis häufig konfrontiert wurde. Er notierte im Juli 1780 in sein Tagebuch:

---

[255] Vgl. beispielsweise Sczesny, Kontinuität und Wandel, v.a. S. 325 – 327; Häberlein/Jeggle, Einleitung, S. 11; Zimmermann, Bäuerlicher Traditionalismus, S. 224f.

[256] Tanner, Baumwollenfabrik, S. 62.

[257] Schmidt, Georg: Der Schweizer Bauer im Zeitalter des Frühkapitalismus. Bd. I. Bern 1932, S. 97.

„jetzunder wärs ein bisgen erndezeit vor mein gewerb - aber die leüthe sind so brodtneidig und habsüchtig - das ie einer dem andern die ernde verderbt - jeder fahrt mit beiden händen drüber, und möchte gern das meiste haben - das er dem andern sein korn zertritt".[258]

Anhand dieses Zitates wird erkennbar, dass Bräker Eigennutz und Konkurrenzdenken ablehnend gegenüberstand. Interessant ist, dass er an dieser Stelle die momentanen Gewinnmöglichkeiten im Baumwollgewerbe mit der bäuerlichen *„erndezeit"* verglich. Seine verlegerische Tätigkeit beschrieb er demnach in traditionell-landwirtschaftlichen Kategorien. Dies diente einerseits als Metapher, zeigt aber anderseits den Einfluss bäuerlichen Wirtschaftsdenkens.
Analog zu der Ablehnung von Egoismus verurteilte der Verleger auch Gewinnsucht, wie er vor allem durch Wucher zum Vorschein komme. Im Sommer 1796 kritisierte der Protagonist die überteuerten Preise der Lebensmittel:

„wer die theüren 70er jahre durchlebt hat - wird sich noch zuerineren wüssen - erstlich die ursachen derselben - strenge und lange weinter [...] mißjahre verursachten iene - nichts von alledem war iez die ursache -[...] alle kornhändler - müller - beker - bauren alle vereinigen sich die theürung in die länge zuziehn und den abschlag zu verhindern".[259]

Ähnliche Auffassungen werden auch anhand des folgenden Tagebucheintrags sichtbar:

„die bauren schmählen - auf die kornhändler müller und beker - und überhaubt auf alle handelsleüte, das sie alle wucherer, wennigstens gewünsüchtige leüte seyen - und dennken gar nicht drann - das sie selbst die ärgsten wucherer seien. [...] der eigennutz - ist bey jhnen noch viel sichtbarer als bey andern handelsleüten".[260]

Aus diesen Zitaten geht hervor, dass Bräker erhöhte Preise aufgrund von Missernten eher akzeptieren konnte, als Teuerungen, welche Wucher als Ursache hatten. Erfahrungen der alltäglichen wirtschaftlichen und gesellschaft-

[258] Sämtliche Schriften Bd. II, Tagebücher, S. 187f.
[259] Sämtliche Schriften, Bd. III, Tagebücher, S. 621.
[260] Ebenda, S. 629.

lichen Realität dürften für diese ablehnende Haltung eine wichtige Rolle gespielt haben. Die zum Teil durch Preistreiberei verursachten Teuerungen und Krisen belasteten die Familie Bräker in ihrer wirtschaftlichen Existenz. Zudem konnte der Verleger beobachten, wie viele Menschen, aufgrund der *„kornjuden - die sich alle mühe geben das korn in hohen preißen zuerhalten"*, Hunger leiden mussten.[261]

Böning begründet diese ökonomische Denk- und Handlungsmuster Bräkers lediglich mit dessen *„Mitleid und Mitgefühl"*.[262] Zur Erklärung der Aversion des Protagonisten gegenüber Gewinnstreben und Habgier müssen aber zudem handlungsbestimmende, gesellschaftliche Normvorstellungen herangezogen werden.

Anhand der obigen Äußerungen wird durchaus die Vorstellung eines »gerechten Preises«, wie sie von Thompson beschrieben wurde, erkennbar. Aus den Schriften des Protagonisten lässt sich zudem schlussfolgern, dass er selbst in seiner verlegerischen Tätigkeit gemäß dieser Auffassung handelte. So schrieb er: *„nur meinen gebührenden pfenig (weles mein einziges einkomen ist) von iedem armen weber - und speinerin nehmen"*.[263] Dieser *„gebührende Pfennig"* ist als eine Art traditionalistische Höhe des Profits zu interpretieren.[264] Für diese Annahme spricht die Tatsache, dass Bräker die Preise für seine Produkte nicht immer den Marktzusammenhängen anpasste. Dies bedeutet, dass der Verleger auf erhöhte Nachfrage nach seinen Waren nicht mit Preissteigerungen reagierte. Vielmehr verzichtete er zum Teil bewusst auf die Erhöhung seines eigenen Profits. So schrieb er im März 1785: *„das garn ist stark begehrt - und doch gab ich's im alten preiß"*.[265] Zudem plagten den Verleger häufig *„gewüssenscrupel wegen des gewinn=nehmens"*[266], dass er fürchtete, er *„nehme etwa*

261 Ebenda, S. 628.

262 Böning, Ulrich Bräker, S. 83.

263 Sämtliche Schriften, Bd. II, Tagebücher, S. 517.

264 Max Weber bezeichnete eine traditionelle Höhe des Profits als ein Charakteristikum vorkapitalistischen Wirtschaftens. Vgl. Weber, Die protestantische Ethik, S. 51f.

265 Sämtliche Schriften, Bd. II, Tagebücher, S. 498.

266 Ebenda, S. 150.

zuviel provit".[267] Diese Zitate belegen eine Reflexion des Protagonisten darüber, ob sein ökonomisches Handeln einer »gerechten« Wirtschaftsweise entsprach.

Die Charakteristika einer »moral economy« lassen sich demnach durchaus auf Ulrich Bräkers wirtschaftliches Denken und Handeln anwenden. Dafür, dass die Annahme eines »gerechten« Preises zu einer Legitimation von Diebstahl und Revolte bei den Akteuren führte, wie Thompson angenommen hatte, ließen sich keine Belege in den Schriften des Verlegers finden. Vielmehr lehnte dieser kriminelle Handlungen ab. So schrieb er beispielsweise während des Hungerjahres 1771: *„Jch sehe aber auch sehr vil gewüsenlose arme, die ihrer armuth immer durch unerlaubte mittel wollen abhelffen"*.[268]

Doch nicht nur die Auffassung eines angemessenen, »gerechten« Preises bestimmte Bräkers ökonomische Handlungsmuster. Auch Merkmale einer Vorstellung vom »Gemeinwohl«, also eine Orientierung des wirtschaftlichen Handelns am gesellschaftlichen Nutzen, wie sie in der Forschung für die Frühe Neuzeit beschrieben wurden, sind zu erkennen. Unter anderem äußerte der Verleger den Wunsch, dass die Akteure in ihrer Wirtschaftsweise auch die Interessen der Mitmenschen, also der Gemeinschaft, beachten sollten. Konkret auf seine eigenen Erfahrungen in der wirtschaftlichen Praxis angepasst, schrieb er: *„s wär eben eine schöne sache in der welt – wenn die arbeitsleüte darauf sähen einandern in die hände zuarbeiten und gute wahre zumachen – einem andern die arbeit zuerlichtern"*.[269]

Gemäß der Auffassung vom »Gemeinnutz« betonte Bräker, dass von seiner wirtschaftlichen Tätigkeit auch die verlegten Heimarbeiter profitieren würden. So schrieb er in seinem Tagebuch:

> „bekame arbeit von meinem h. Scheindler zu Molis - vor meine weber - an dessen fortsetzung ich zweifelte das freüthe mich nicht wennig - so wohl wegen meinen webern - als auch wegen meinem eigenen jnteresse"[270]

---

[267] Ebenda, S. 99.

[268] Sämtliche Schriften, Bd. I, Tagebücher, S. 345.

[269] Sämtliche Schriften, Bd. III, Tagebücher , S. 171.

[270] Sämtliche Schriften, Bd. II, Tagebücher, S. 631.

Dass sich das ökonomische Denken des Protagonisten am »Gemeinnutz« orientierte wird auch anhand folgenden Zitats erkennbar: *„dannk ich der gütigen vorsehung hertziniglich vor mein geringes berüffle [...] für die gelegenheit der welt ein bisgen zunützen – hundert meiner nebendmenschen arbeit und brodt zuverschaffen"*[271]

Ulrich Bräkers ökonomische Denk- und Handlungsmuster waren demnach nie allein am »Eigennutz« bzw. der Maximierung eigener Gewinnmöglichkeiten, sondern immer auch am gesellschaftlichen Nutzen orientiert. Sowohl die Idee des »Gemeinwohls«, als auch die Vorstellung eines gerechten Preises wirkten als Regulativ für sein alltägliches wirtschaftliches Denken und Handeln. Die Entstehung einer kapitalistischen Erwerbsgier, wie sie Schmidt für die soziale Schicht der Verleger im 18 Jahrhundert annahm, ließ sich am Beispiel Bräkers nicht bestätigen. Dies bedeutete aber nicht, dass das wirtschaftliche Handeln des Verlegers lediglich auf die Deckung des eigenen Bedarfs ausgerichtet war. Die Ergebnisse in Bezug zum Kredit- und Investitionsverhalten, wie sie im dritten Kapitel beschrieben wurden, belegen zum Teil ein auf Gewinn orientiertes Verhalten Bräkers. Aufgrund sozialer und moralischer Bedenken war es aber nicht das Ziel seines Wirtschaftens, die Profitmöglichkeiten auf Kosten seiner Mitmenschen zu maximieren.

Innerhalb der »Selbstausbeutungstheorie« hinsichtlich der protoindustriellen Unterschichten von Kriedte, Medick und Schlumbohm nahm die Annahme einer kapitalistischen Mentalität innerhalb der gesellschaftlichen Gruppe der Verleger eine zentrale Rolle ein. Die Annahme, dass die Verleger und Zwischenhändler in kapitalistischer Art und Weise die Produktionskosten zum Nachteil der Heimarbeiter verringerten, um so ihre Gewinne zu maximieren und Kapital zu akkumulieren, lässt sich für den Fall des Verlegers Bräker nicht bestätigen. Es wird anhand dieser Ergebnisse deutlich, dass der konstruierte Kontrast zwischen kapitalistisch-rational handelnden Verlegern und traditionalistisch wirtschaftenden Heimproduzenten sich so in der historischen Realität nicht immer darstellte.

[271] Sämtliche Schriften, Bd. IV, Lebensgeschichte, S. 98.

3. Ulrich Bräkers Arbeitsverhalten

Das Arbeitsverhalten des Protagonisten muss von seiner Arbeitsethik, wie sie im fünften Kapitel behandelt wurde, klar getrennt werden. Ethik bzw. Einstellungen spielen sich auf einer mentalen, Verhaltensweisen dagegen auf einer tatsächlichen Ebene ab. Verständlicherweise sind, aufgrund der Quellenlage, Bräkers Einstellungen leichter zu analysieren, als sein tatsächliches alltägliches Verhalten. Dennoch lassen seine Aufzeichnungen Rückschlüsse auf die Arbeitshaltung des Verlegers zu.

An einem gewöhnlichen Arbeitstag benötigte Ulrich Bräker für die Mahlzeiten zwischen einer viertel und einer halben Stunde.[272] Zur Mittagszeit hielt er seine *„sieste"*, in welcher er sich *„ein paar stunde auf die faulhaut"* legte.[273] Die Abend- und frühen Nachtstunden widmete er meist dem Lesen und Schreiben.[274] Nachts schlief er zwischen sieben und acht Stunden.[275] Zudem hielt er sich einen halben Tag in der Woche für Besuche bei seinen Freunden oder andere Freizeitbeschäftigungen frei.[276]

Eine traditionalistische Wirtschaftsweise, so Max Weber, sei durch ein traditionelles Maß an Arbeit gekennzeichnet.[277] Die *„Nicht-Arbeit"*, also Freizeit oder auch Müßiggang, nimmt innerhalb dieser traditionellen Arbeitshaltung einen hohen Stellenwert ein.[278] Diese Aussagen treffen größtenteils auf das Arbeitsverhalten Bräkers zu.

In der Geschichtswissenschaft wird als Kennzeichen einer traditionalistischen Wirtschaftsweise zudem eine subsistenzorientierte Arbeitshaltung angenommen. Unter Subsistenz wird die Deckung des eigenen Bedarfs bzw. der eigenen Bedürfnisse verstanden. Da der Arbeitsaufwand nicht hauptsächlich

---

[272] Vgl. Sämtliche Schriften, Bd. II, Tagebücher, S. 7.

[273] Sämtliche Schriften, Bd. III, Tagebücher, 152.

[274] Vgl. Sämtliche Schriften, Bd. II, Tagebücher , S. 6f.

[275] Vgl. ebenda, S. 7.

[276] Vgl. Sämtliche Schriften, Bd. III, Tagebücher, S. 152.

[277] Vgl. Weber, Die protestantische Ethik, S. 51f.

[278] Zurfluh, Uri, S. 203.

von Profitmaximierung geleitet wurde, konnte demnach bei traditionalistisch wirtschaftenden Akteuren bei geringerem Einkommen ein erhöhter Arbeitsaufwand, bei besserer Konjunkturlage dagegen ein Rückgang des Arbeitsaufwandes festgestellt werden.[279] Diese Annahmen werden nachfolgend als Interpretationsraster auf das Arbeitsverhalten Bräkers angewandt. Auf diese Weise wird eine mögliche subsistenzorientierte Arbeitshaltung des Verlegers untersucht.

Rückblickend berichtete der Verleger in seinem Tagebuch darüber, dass er in den konjunkturell guten 1760er Jahren seinen Garnhandel nur als *„nebendsächel"*[280] betrieb, während er in den Krisenjahren zu Beginn der 1770er Jahre seinen *„beruff mit allem ernst trieb"*[281]. Nach der wirtschaftlichen Notlage begann er dagegen wieder *„sorgloser zuwerden"*.[282] In Notzeiten bereute er dann *„nicht fleisiger gearbeittet, nicht sparsamer gelebt"* zu haben.[283]

Ausgehend von solchen Aussagen des Protagonisten wird in der Forschungsliteratur zu Ulrich Bräker die Auffassung vertreten, dass dieser in wirtschaftlich stabilen Zeiten seinem Hang zum Müßiggang nachgab.[284] Bei guter Konjunktur verringerte sich demnach sein Arbeitsaufwand, seine Konzentration auf die Geschäfte ließ nach. Diese Arbeitshaltung entspricht einer auf den eigenen Bedarf ausgerichteten, »traditionalistischen« Wirtschaftsweise.

Zur Unterstützung dieser These wird auf die Ergebnisse des vierten Kapitels zurückgegriffen. Hier wurde, ausgehend von einer quantitativen Untersuchung hinsichtlich Bräkers Wahrnehmung von wirtschaftlichen Angelegenheiten, deutlich, dass der Verleger innerhalb seiner Schriften in wirtschaftlichen Krisenzeiten verstärkt ökonomische Angelegenheiten thematisierte. In Zeiten ohne größere wirtschaftliche Probleme nahmen ökonomische Angelegenheiten dagegen weniger Platz innerhalb der Aufzeichnungen ein. In Zeiten wirtschaftlicher Notlagen ließ sich demnach eine verstärkte Wahrneh-

---

279 Vgl. Medick, Familienwirtschaft, S. 98 – 101.

280 Sämtliche Schriften, Bd. III, Tagebücher, S. 492

281 Ebenda.

282 Ebenda, S. 493.

283 Sämtliche Schriften, Bd. I, Tagebücher, S. 371.

284 Vgl. Böning, Ulrich Bräker, S. 114f.

mung der beruflichen Lebenssphäre feststellen. Sobald die Not nachließ, verringerte sich die Aufmerksamkeit wieder. Auch wenn, wie oben bereits dargelegt, der sprachliche Ausdruck der Wahrnehmung nicht mit seiner tatsächlichen Konzentration gleichzusetzen ist, stimmen diese Ergebnisse in der Tendenz mit seinen eigenen Aussagen sowie mit den Annahmen der Historiker überein. Eine tendenziell auf die Deckung des eigenen Bedarfs ausgerichtete Arbeitshaltung kann daher für den Verleger angenommen werden.
Durch dieses Arbeitsverhalten des Protagonisten lässt sich zum Teil erklären, warum es ihm nicht gelang, in konjunkturell guten Zeiten seinen Handel auf eine solidere Basis zu stellen und den ökonomischen Aufstieg zu realisieren.

4. Ulrich Bräkers Umgang mit Geld

Für die, im traditionellen Regelwerk bäuerlichen Wirtschaftens verhafteten, ländlich-industriellen Schichten wurde angenommen, dass sie zwar in geldwirtschaftlichen Begriffen dachten, dass Geld ihnen aber als Mittel der Vorratshaltung unbekannt war. Deshalb nutzten sie den Verdienst, welcher über der Subsistenz lag, zur Bedürfnisbefriedigung, vor allem zum Erwerb von Prestige- und Luxusartikeln oder Volksfest- und Wirtshausbesuchen. Für die protoindustriellen Unterschichten wurde demnach von einer bedürfnisgesteuerte Haltung gegenüber Geld ausgegangen.[285]
Bräker selbst beschrieb dieses von »der-Hand-in-den-Mund-leben« der protoindustriell arbeitenden Bevölkerung in einem Tagebucheintrag vom Januar 1790, welcher den Titel *„appropo - an meine mittlandleüthe"*[286] trägt. Hier zeigt sich, dass dem Verleger der Spargedanke als moralische Forderung der Aufklärung vertraut war. Bräker vertrat dabei die Auffassung, dass die Heimarbeiter das Geld nicht allein zur Bedürfnisbefriedigung, sondern zur Vorratshaltung nutzen sollten.

[285] Vgl. Medick, Familienwirtschaft, S. 152f; Tanner, Baumwollenfabrik, S. 66.
[286] Vgl. Sämtliche Schriften, Bd. III, Tagebücher, S. 283 – 287.

Gemäß seinen eigenen Ausführungen in seiner »Lebensgeschichte« konnte er selbst aber diese Maxime ökonomischen Verhaltens nicht erfüllen. So schrieb er rückblickend:

> „Freylich konnt´ ich mir wirklich keine eigentliche Verschwendung und Lüderlichkeit vorwerfen; aber doch ein gewisses gleichgültiges, leichtgläubiges, ungeschicktes Wesen usf. Denn erstlich hatt´ ich nie gelernt, recht mit dem Geld umzugehen; auch hatte es nie Reitze für mich, als in wie fern ich's alle Tag´ zu brauchen wusste"[287]

Anhand dieser Äußerung wird deutlich, wie schwer es dem Verleger fiel, gut mit Geld zu haushalten. Für Bräker besaß Geld, gemäß dieser Aussage, lediglich die Funktion eines Gebrauchswertes. Analog zu den Ausführungen in Bezug auf Bräkers Arbeitsverhalten lässt sich zudem feststellen, dass ihm erst in wirtschaftlichen Krisenzeiten der Wert des Geldes bewusst wurde. So schrieb der Protagonist in einem Brief an den Pfarrer Martin Imhof (27.1.1750 - 1822) vom August 1788: *„das ich den werth des geldes - all mein tage nie recht zuschätzen - wuste - bis ich etwa in verlegenheit gerieth"*.[288]

Ausgehend von solchen Aussagen behauptet Tanner, dass Ulrich Bräker Geld nicht als Mittel der Vorratshaltung nutzte, auch wenn ihm, aufgrund seines Umgangs mit aufgeklärten Personenkreisen, der Spargedanke vertraut war und er sich bemühte, diesem nachzukommen.[289]

Anhand der Untersuchung seines Kredit- und Investitionsverhalten in dieser Studie konnte aber eine gewisse Akkumulationsstrategie in Bräkers Umgang mit Geld festgestellt werden: Die Investitionen eines Teiles seines überschüssigen Verdienstes in landwirtschaftliche Ressourcen, sowie später in den Anbau seines Hauses entsprachen einer Art Sparsamkeit, da sie in gewisser Weise die Funktion einer »Sparkasse« einnahmen und als Mittel zur Kredit-

[287] Sämtliche Schriften, Bd. IV, Lebensgeschichte, S. 492.

[288] Sämtliche Schriften, Bd. IV, Briefe, S. 587.

[289] Vgl. Tanner, Baumwollenfabrik, S. 61.

bildung dienen konnten.[290] Auch die erworbenen Luxusgegenstände konnten in Notsituationen wieder verkauft werden, um so an Geld zu gelangen.[291]
Für Bräker hatte Geld zudem noch eine andere Funktion: Es diente ihm als Mittel zur Individualisierung. Diese Funktion des Geldes beschreibt auch der Philosoph Georg Simmel (1858 - 1918), der im Geld ein bedeutendes Mittel zur Individualisierung sieht.[292] Das Streben nach Individualisierung des Protagonisten exemplifiziert sich unter anderem am Kauf von Schreibmaterialien, sowie dem Eintritt in die Moralische Gesellschaft, an seinem Drang nach Lesen und Schreiben und an seiner Reiselust, die er mit der dafür notwendigen Summe stillte.[293] Das Geld diente dem Verleger dazu, sich von der traditionellen Lebensweise abzusetzen.
Neben seinem lockeren Umgang mit Geld, geht aus dem nächsten Zitat hervor, dass Bräker Geld auch als Mittel zur Außendarstellung benutzte. Hierzu schrieb er:

> „Nicht dass es nicht von Zeit zu Zeit Augenblicke gebe, wo ich mich über eine ünnöthige Ausgabe, oder einen meist durch Nachgiebigkeit versäumten Gewinnst quälen und grämen, wo mich, sonderlich bey Hause, ein Kreutzer - ein Pfennig reuen kann. Aber, sobald ich in Gesellschaft komme [...] da spiel ich meist die Rolle eines Mannes der nicht auf den Schilling oder Gulden zu sehen hat, und nicht bey Hunderten sondern bey Tausenden besitzt."[294]

Medick spricht in Bezug zur Gesellschaft des 18. Jahrhunderts von einer *„Kultur des Ansehens"*. Selbstdarstellung und Repräsentation, oftmals durch

---

[290] Vgl. Kapitel III unter Punkt 2.2 und 2.3.

[291] Vgl. Tanner, Baumwollenfabrik, S. 67.

[292] Vgl. Simmel, Georg: Philosophie des Geldes. In: Rammstedt, Otthein (Hrsg.): Georg Simmel. Gesamtausgabe. Bd. 6. Frankfurt am Main 1989, v.a. S. 470.

[293] Zur Bedeutung von Lesen und Schreiben für die Individualisierung der Lebensstile während der Frühen Neuzeit vgl. Dülmen, Die Entdeckung des Individuums, S. 120f; Zur Identitätsbildung durch Kulturkonsum vgl. North, Michael: Kultur und Konsum – Luxus und Geschmack um 1800. In: Walter, Rolf (Hrsg.): Geschichte des Konsums. Erträge der 20. Arbeitstagung der Gesellschaft für Sozial- und Wirtschaftsgeschichte 23. – 26. April 2003 in Greifswald. Wiesbaden 2004, S. 17 – 33, hier v.a. S. 17.

[294] Sämtliche Schriften, Bd. IV, Lebensgeschichte, S.512.

Schmuck und modische Kleidung, nahmen bei der Markierung sozialer Unterschiede einen hohen Stellenwert ein.[295] Vor allem die protoindustriellen Unterschichten nutzten demnach den protoindustriellen Verdienst um sich durch Kleidermoden und Schmuck von ihrem bäuerlichen Umfeld abzugrenzen.[296]

In einem ähnlichen Zusammenhang lässt sich zum Teil auch Bräkers Umgang mit Geld interpretieren. Es wird, anhand des obigen Tagebucheintrags, erkennbar, dass dieser seinen Verdienst auch dazu nutzte den *„generößen mann"*[297] zu spielen, um dadurch soziale Anerkennung zu erhalten. In gewisser Weise wollte er wohl im sozialen Ansehen seiner ökonomischen Stellung als Verleger entsprechen. In diesem Kontext ist auch der Erwerb der Luxusartikel in den 1780er Jahren zu verstehen.

Es zeigten sich demnach beim Protagonisten sowohl Elemente eines traditionalistischen Umgangs mit Geld, Geld diente hierbei der Bedürfnisbefriedigung, als auch Akkumulationsstrategien.

5. Ulrich Bräkers volkswirtschaftliche Kenntnisse und sein Eintreten für den *„freyen handel"*

Im Folgenden werden, soweit das vorliegende Quellenkorpus dies zulässt, Ulrich Bräkers volkswirtschaftliche Kenntnisse und wirtschaftpolitische Ansichten untersucht. Es handelt sich bei den vorliegenden Aufzeichnungen des Verlegers selbstverständlich um keine wirtschaftstheoretischen Konzepte. Dennoch werden, anhand einzelner Äußerungen, durchaus volkswirtschaftliches Wissen und wirtschaftspolitische Standpunkte deutlich.

An verschiedenen Stellen der Forschungsliteratur wird darauf aufmerksam gemacht, dass sich für die meisten Heimarbeiter und Zwischenhändler, während der Proto- und Frühindustrialisierung, die Marktverhältnisse als undurchschaubar, als eine anonyme Macht darstellten, der sie sich schutzlos

[295] Vgl. Medick, Weben und Überleben, hier v.a. S. 379 – 383, Zitat auf S. 380.

[296] Vgl. Braun, Das ausgehende Ancien Régime, S. 135f.

[297] Sämtliche Schriften, Bd. III, Tagebücher, S. 500.

ausgeliefert fühlten. Demnach wurden konjunkturelle Einflüsse auf das Wirtschaftsleben - Lohnschwankungen, Absatzstockungen etc. - gleichsam Naturkatastrophen als nicht zu beeinflussende Unglücksfälle des Lebens interpretiert.[298]

Interessanterweise treffen diese Annahmen auf Ulrich Bräker so nicht zu. Das Erklären einzelner Phänomene durch gesamtwirtschaftliche Zusammenhänge unterschied ihn von der gesellschaftlichen Mehrheit.[299] Der Verleger analysierte, innerhalb seiner späteren Schriften, oft scharfsinnig mögliche Gründe für Absatzstockungen und Preiserhöhungen aus einem größeren volkswirtschaftlichen Zusammenhang heraus. So erkannte er den Zusammenhang zwischen politischen Ereignissen auf der einen Seite - wie beispielsweise dem Frieden zwischen Frankreich und England im Jahr 1783 - und konjunkturellen Schwierigkeiten auf der anderen Seite.[300]

Bräker blieb allerdings in seinem ökonomischen Denken innerhalb einer Vorstellungswelt verhaftet, in welcher Reichtum immer nur auf Kosten des Anderen wachsen könne. Nicht Produktivität, sondern lediglich die Umverteilung einer gleich bleibenden Menge von Geld und Gütern sei demnach die Ursache von Gewinn und Reichtum. Spuren eines solchen Denkmusters werden zum Beispiel anhand eines Zitates vom April 1780 erkennbar, in welchem der Verleger die Ansicht vertrat, *„das die einte hand nicht mehr weggibt, als die andere gewinnt"*.[301] Diese Annahmen entsprachen den zur damaligen Zeit vorherrschenden merkantilistischen Wirtschaftslehren.[302]

---

[298] Vgl. Tanner, Baumwollenfabrik, S. 66f; Braun, Industrialisierung und Volksleben, S. 202f.

[299] Vgl. beispielsweise auch seine Ausführungen zum Zusammenhang zwischen wirtschaftlichen Problemen im Toggenburg und der französischen Revolutionswirren (Vgl. Sämtliche Schriften, Bd. III, Tagebücher, S. 414).

[300] Vgl. Sämtliche Schriften, Bd. II, Tagebücher, S. 367 – 369; vgl. beispielsweise auch seine Ausführungen zum Zusammenhang zwischen wirtschaftlichen Problemen im Toggenburg und der französischen Revolution (Vgl. Sämtliche Schriften, Bd. III, Tagebücher, S. 413f).

[301] Sämtliche Schriften, Bd. II, Tagebücher, S. 149.

[302] Vgl. Sczesny, Kontinuität und Wandel, S. 18f; vgl. außerdem Hilger, Haushalten im 18. Jahrhundert, S. 127.

Es werden aber innerhalb der Quellen auch deutlich antimerkantilistische Auffassungen des Verlegers erkennbar: Im Jahr 1788 vertrat Ulrich Bräker in einem Gespräch mit einem Züricher Garnhändler folgende Auffassung: *„wen ich zubefehlen hete – die herren von Zürich* II *müssten mir iezt all das garn auch annehmen – oder fürhin auch freyen handel damit erlauben"*.[303] Dieses Eintreten für eine Aufhebung der Handelsbeschränkungen im Kanton Zürich lässt sich in erster Linie aus pragmatischen Gründen erklären. Bräker passte es nicht, dass einerseits Händler aus Zürich ihr Garn im Toggenburg zu einem geringen Preis anbieten konnten und so einen Preisverfall verursachten, anderseits es aber Händlern aus anderen Kantonen, wegen der obrigkeitlichen Gesetze in Zürich, nicht gestattet war, ihre Waren dort zu veräußern.

In einem Brief an den deutschen Arzt und Schriftsteller Johann Gottfried Ebel (6.10.1764 - 1830), der ihm in einem vorherigen Brief nach seiner Meinung hierzu gefragt hatte, werden noch weitere Argumente Bräkers für einen *„freyen Handel"* deutlich:

> „die anmassung deß alleinhandels der bürgern von zürich – und ausschliessung der landleüthen vom bauel und garnhandel komt mir freylich despotisch vor.[...] das verbott seiner hände arbeit seine wahren ins ußland zuverkauffen – schleichhandel erzeügt [...] von dem allem weiß der freye handel nichts: ich wünschte denselben in der gantzen welt eingeführt. [...] „wo freyer handel ist – da giebt es viele händler, beim bauelgewerb, viele ferger und webermeister – und wo deren viele sind – werden auch speiner und weber besser bezahlt –„[304]

Bräker verurteilte an dieser Stelle die Handelshemmnisse und Restriktionen des Stadtkantons Zürich, da diese Schmuggel verursachen würden. Ein freier Markt und Gewerbefreiheit führe dagegen zu größerem wirtschaftlichem Wohlstand, von welchem auch die Heimarbeiter profitieren würden. Denn durch die Konkurrenz einer größeren Anzahl von Verlegern und Zwischen-

[303] Sämtliche Schriften, Bd. II, Tagebücher, S. 782f.

[304] Sämtliche Schriften, Bd. IV, Briefe, S. 606. Eine hierzu in gewisser Weise widersprüchliche Interpretation des Zusammenhangs von Lohnniveau und Potential an Arbeitskräften vertrat er im Februar 1779. Hier schrieb er: *„wos wennig arbeitende menschen hat, werden sie auch besser bezahlt"* (Sämtliche Schriften, Bd. II, Tagebücher, S. 47).

händlern, für welche ein freier Markt sorge, würden deren Löhne steigen. In dieser Argumentation ging der Verleger demnach davon aus, dass freie Konkurrenz bei freiem Marktzugang wirtschaftlich positive Folgen, vor allem für die Heimarbeiter, habe. Marktwirtschaftliche Gedankengänge und Prinzipien werden demnach sichtbar. Im Argumentationsgang wird erkennbar, dass diese ziemlich liberalen wirtschaftspolitischen Überlegungen auf eine Verbesserung der ökonomischen Lebenssituation der protoindustriellen Unterschichten zielte.

Der Verleger forderte an dieser Stelle einen freien, ungehinderten Warenverkehr nicht nur in Bezug auf die Eidgenossenschaft, seinen persönlichen Bezugsrahmen, sondern befürwortete sogar einen internationalen Freihandel. Doch Bräker trat auch unter Verwendung anderer Argumente für die Schaffung freier Marktverhältnisse ein. In einem Gespräch mit einem Kauffmann im September 1790 argumentierte er auf folgende Weise:

> „so geht´s, sagte ich, wo die regierung in einem lande - den handel und die gewerbe allzu sehr einschränkt - und die hände beindet - so wandern die besten und fähigsten köpfe aus, und kauffen sich an einem orte an wo mehrere freyheit herscht - diesem land ist es immer gewün"[305]

Anhand dieses Tagebucheintrags wird die Vorstellung erkennbar, dass eine staatlich-restriktive Wirtschaftspolitik zu einer Abwanderung wirtschaftlich potenter Akteure führe. Und dass im Umkehrschluss jener Staat, welcher eine freiere Wirtschaftspolitik betreibe, von einer Einwanderung profitieren könne. Außerdem wirke sich bei einer Aufhebung der Handelsbeschränkungen, entgegen weitverbreiteter merkantilistischer Auffassungen, die Erhöhung des Handelsverkehrs positiv auf die Volkswirtschaft aus. Hierzu schrieb er:

> „unser abgelegenes ländchen werden nun mehr frömde besuchen - wird nun mehr kauffmannswahre durchpassieren - welches gewüß, trotz eüerem vorurtheil, mehr zu unserem vortheil - als nachtheil sein wird"[306]

---

[305] Sämtliche Schriften, Bd. III, Tagebücher, S. 350.

[306] Sämtliche Schriften, Bd. II, Tagebücher, S. 766.

Allerdings betonte Bräker auch die negativen Seiten einer liberalen Wirtschaft. Diese diene schlechten Leuten als *„zunder zu allerhand lumpenstreichen"*.[307] Aus diesem Grund sprach Bräker sich, während der Krisenjahre seit 1789, für ein staatliches Eingreifen auf das Marktgeschehen aus, um dadurch Wucher zu verhindern:

> „ob nun unsere obrigkeiten nichts von solchen unfugen wüssen - oder ob sie nicht könen - oder nicht wollen - dem wucher steüren - der doch zum grösten nachtheil einer so grossen claße armer - nach brodt=schreyenten nothleidenten menschen getrieben wird - das weiß ich nicht"[308]

Der Protagonist forderte zwar eine Liberalisierung der Wirtschaftsverfassungen, vertrat aber nicht die Vorstellung, dass die Wirtschaftsakteure ohne Einschreiten des Staates agieren sollten. Der freie Markt müsse vielmehr, im Hinblick auf Preistreiberei staatlich gebremst werden. Die durch Preistreiberei verursachte Not wurde demnach als Herausforderungen für die Obrigkeiten empfunden. Hinter dieser Ablehnung des Wuchers standen, wie oben gezeigt werden konnte, sowohl alltägliche Erfahrungen als auch traditionelle Vorstellungen einer »gerechten« Wirtschaftsweise.

Das Eintreten für eine liberale Wirtschaftsordnung bezeichnet Gorißen als ein Hauptcharakteristika des modernen kapitalistischen Unternehmers. Er begründet diese Annahme damit, dass auf diese Weise die politischen Voraussetzungen geschaffen werden sollten, um eine kapitalistische Wirtschaftsmentalität entfalten zu können.[309] In vielen Falluntersuchungen konnte festgestellt werden, dass die Verleger und Betreiber von Manufakturen mehr auf Monopole, staatliche Unterstützung und Privilegien vertrauten, als den freien Markt zu befürworten. Die vorindustrielle Kaufmannschaft nahm demnach keinen wirtschaftsliberalen und fortschrittlichen Standpunkt ein.[310]

---

[307] Sämtliche Schriften, Bd. IV, Briefe, S. 606.

[308] Sämtliche Schriften, Bd. III, Tagebücher, S. 621.

[309] Vgl. Gorißen, Handelshaus, S. 358.

[310] Vgl. ebenda, S. 377 – 380; Braun, Rudolf: Zur Einwirkung soziokultureller Umweltbedingungen auf das Unternehmerpotential und das Unternehmerverhalten. In: Ders. (Hrsg.): Von den Heimar-

Ulrich Bräker argumentierte in vielerlei Hinsicht für Gewerbefreiheit sowie für die Aufhebung merkantilistischer Handelsrestriktionen zwischen den einzelnen Wirtschaftszonen.

Dahinter stand seine Überzeugung, dass dies für die Volkswirtschaft, in erster Linie aber für die gewerbetreibenden Schichten von Vorteil wäre. Sein ökonomisches Denken war auch beim Eintreten für liberalere Marktverhältnisse an der Vorstellung des »Gemeinwohls« orientiert. Hier wird eine Verbindung von traditionalistischen mit modernen Vorstellungen innerhalb Bräkers ökonomischen Denken erkennbar.

Erfahrungen seiner alltäglichen wirtschaftlichen Praxis dürften eine entscheidende Rolle zur Herausbildung dieser Denkansätze gespielt haben. Denn im Toggenburger Baumwollhandel herrschte Gewerbefreiheit. Zudem gab es nur geringe Handelhemmnisse für ausländische Erzeugnisse. Ausländischen Anbietern war es dort, im Gegensatz zu Zürich, gestattet ihre Waren zu verkaufen.[311] Diese wirtschaftspolitischen Realitäten zeigen sich auch in den ökonomischen Denkmustern Bräkers. Hervorzuheben ist die Modernität der Argumente, mit denen der Protagonist einen freien Marktzugang und die Aufhebung der Handelsbeschränkungen befürwortete.

Der Verleger vertrat diese fortschrittlichen wirtschaftspolitischen Auffassungen vor allem in der Diskussion mit anderen Händlern und Kaufleuten sowie mit aufgeklärten Personenkreisen. Zudem gibt es Hinweise, welche darauf hindeuten, dass die Herausbildung solcher wirtschaftspolitischer Ideen bei Bräker im Kontext eines größeren aufklärerischen Diskurses über die Lebens- und Wirtschaftssituation im Toggenburg gestanden haben.[312]

---

beitern zur europäischen Machtelite. Ausgewählte Aufsätze von Rudolf Braun. Zürich 2000, S. 65 – 95, hier S. 75.

[311] Vgl. Baumann, Max: Baumann, Max: Wirtschaft. In: Wissenschaftliche Kommission der Sankt-Galler Kantonsgeschichte (Hrsg.): Sankt Galler Geschichte. Bd. 3 (Frühe Neuzeit: Territorien, Wirtschaft). St. Gallen 2003, S. 94 – 147, hier, S. 127; Büchler, Das Toggenburg, S. 63.

[312] Ein Briefwechsel mit Johann Gottfried Ebel deutet einen solchen Diskurs an. Hier sprach Bräker unter anderem davon, dass er Ebel nicht alle seine Fragen bezüglich des Toggenburgs beantworten könne, da er selbst sich nicht ausreichend mit den *„oekonomische[n] umstände seines lands“* auseinandergesetzt hätte. Vgl. Sämtliche Schriften, Bd. IV, Briefe, S. 604 – 608, Zitat auf S. 608.

Bräkers wirtschaftspolitische Annahmen und Ansichten wurden in der Forschung bisher nur am Rande berücksichtigt. Während Böning das Eintreten des Verlegers für einen freien Handel zumindest erwähnte, ließ Tanner diesen Faktor in seiner Argumentation vollkommen außen vor.[313] Tanner behauptet, wie bereits beschrieben, dass Ulrich Bräker sich trotz seines Interesses für Literatur und seines Umgangs mit aufgeklärten Persönlichkeiten in seinem wirtschaftlichen Denken innerhalb traditionell-kleinbäuerlicher Muster bewegte. Auch wenn einige traditionalistische Ansichten deutlich werden, sprechen die hier zusammengetragenen wirtschaftspolitischen Auffassungen dagegen für eine gewisse Modernität innerhalb des ökonomischen Denkens des Verlegers und erstaunen für einen Menschen, welcher aus der ländlichen Unterschicht stammte.

6. Der Einfluss aufklärerischer Weltanschauungen auf Ulrich Bräkers ökonomische Denk- und Handlungsmuster

Der Wandel Ulrich Bräkers von einem streng gläubigen Pietisten zu einer aufgeklärten Person wurde bereits im fünften Kapitel dargelegt. Im Folgenden wird diskutiert, inwiefern Einflüsse wirtschaftlicher Maximen der Aufklärung auf die ökonomischen Denkmuster des Verlegers festgestellt werden können. Die Aufklärungspublizistik ab der zweiten Hälfte des 18. Jahrhunderts forderte häufig eine grundlegende Veränderung der traditionalistischen Mentalität, meistens bezogen auf die bäuerlichen Schichten. Hierbei wurde die Erfüllung der Tugenden Leistung, Fleiß, Nutzen, Sparsamkeit und Verantwortung verlangt. Geschäftlicher Erfolg wurde als Nachweis persönlicher Tüchtigkeit angesehen. Es kam zu einer Umkehrung des natürlichen Zusammenhangs von Arbeit und Bedürfnisbefriedigung. Der Faktor Zeit gewann enorm an Bedeutung und wurde mit dem Faktor Geld in direkte Beziehung gesetzt. Man spricht in der Geschichtswissenschaft von der Entste-

[313] Vgl. Böning, Ulrich Bräker, S. 184.

hung einer »Ökonomie der Zeit«. Das Leistungs- und Aufstiegsdenken wurde als neue Leitideologie vertreten.[314]
Der Einfluss aufklärerischer Gedankengänge und Anschauungen auf Ulrich Bräkers wirtschaftliches Denken und Handeln wurde bisher in der Forschungsliteratur nur spärlich analysiert. So schreibt Tanner lediglich, dass es zwar zu einer Orientierung Bräkers an aufgeklärte *„Wertvorstellungen und Leitbilder"* kam, er aber sein ökonomisches Denken und Verhalten daran nicht anglich. Tanner verneint demnach einen entscheidenden Einfluss von Bräkers Wandel zur aufgeklärten Persönlichkeit in Bezug auf dessen wirtschaftliches Verhalten.[315] Holger Böning behauptet, dass Bräker den wirtschaftlichen Prinzipien der Aufklärung nicht folgen wollte, in Bezug auf die Zeiteinteilung bzw. die Haushaltung mit der Zeit die aufklärerischen Auffassungen aber zumindest in sein Denken integriert hätte.[316]
Dieser These Bönings muss anhand der Ergebnisse des Kapitels V (Unterkapitel 4) widersprochen werden. Denn Bräkers Bewusstsein für eine rationale Einteilung der Zeit hatte sich schon im Zusammenhang mit dessen pietistischen Glaubensauffassungen herausgebildet und wurde durch aufklärerische Maximen lediglich bestätigt. Diese rationale Einstellung zur Zeit zeigt sich beispielsweise anhand eines Tagebucheintrags vom Januar 1787:

> „und ich selbst wil keine stunde müsig verhoken. Ja ich wil meine stunden zehlen - eine schlaguhr will ich in meine kamer - nebend mein bethe aufhengen - das ich auch deß nachts auf meinem lager höre die stunden schlagen"[317]

Diese Äußerungen bestätigen die Annahme, dass Bräker den Umgang mit Zeit als wichtigen ökonomischen Faktor wahrnahm. Allerdings lassen sich in den Schriften des Verlegers keine Äußerungen finden, die sich dahingehend

---

[314] Böning, Ulrich Bräker, S. 112; Böning, Revolution in der Schweiz, S. 42; zu den ökonomischen Bewegungen in der Schweiz vgl. Hof, Ulrich Im: Aufklärung in der Schweiz (Monographien zur Schweizer Geschichte) Bern 1970, S. 64 - 70

[315] Vgl. Tanner, Baumwollenfabrik, S. 62.

[316] Vgl. Böning, Ulrich Bräker, S. 112f.

[317] Sämtliche Schriften, Bd. II, Tagebücher, S. 517.

interpretieren lassen, dass dieser die Faktoren Zeit und Geld in Relation zueinander setzte.
Es lassen sich durchaus Belege dafür finden, dass aufklärerisches Gedankengut Bräkers wirtschaftliches Denken beeinflusste. Deutlich wird dies unter anderem an seinem veränderten Armutsverständnis. Anderseits entsprachen sein Arbeitsverhalten sowie sein fehlendes Leistungsdenken nicht den Wirtschaftsprinzipien der Aufklärer.
Ulrich Bräker kannte, vermittelt durch seinen Umgang mit aufgeklärten Personenkreisen und seine vielfältige Lektüre, die ökonomischen Forderungen der Aufklärung. Vor allem in Krisenzeiten fasste er immer wieder Vorsätze diesen Prinzipien nachzukommen. So schrieb er, dass man *„genau auf sein gewerb zusehen - keine strapatzen zuscheühen - und seine ausgaben nach seinen einnahmen einzuschränken"* habe.[318] Hier werden aufklärerische Maximen wie Sparsamkeit und Fleiß erkennbar. Diesen Anforderungen in der alltäglichen Praxis nachzukommen, bereitet ihm jedoch große Probleme. Oftmals standen ihm seine Bedürfnisse, also der Wunsch nach Freizeit, Reisen, Besuche bei Freunden sowie sein Lesen und Schreiben hierfür im Weg.

7. Exkurs: Der Widerspruch zwischen Bräkers Vorsätzen und tatsächlichem Handeln - Ein psychologischer Erklärungsansatz

Bereits im vorigen Kapitel hinsichtlich möglicher religiöser Einflussfaktoren auf Ulrich Bräkers wirtschaftliche Denk- und Handlungsmuster wurde oftmals ein deutlicher Widerspruch zwischen dessen Glaubensvorsätzen und dem alltäglichen Handeln festgestellt. Wie gesehen lassen sich solche Widersprüche für weite Bereiche seines ökonomischen Lebens belegen. Der Widerspruch zwischen dem Wissen um seine Fehler bzw. den Vorsätzen diese zu vermeiden und dem tatsächlichen Wirtschaften prägte daher Ulrich Bräkers Leben als Verleger. Immer wieder nahm er sich vor, sein wirtschaftliches Verhalten zu ändern. Im Alltag kam er diesen Vorsätzen nur selten nach. So schrieb er beispielsweise: *„Wenn ich schon tausend Vorsätze fasse, eigentlich öko-*

---

[318] Ebenda, S. 331.

nomisch zu handeln, geht's doch immer den alten Schlendrian".[319] Auch wenn der Verleger sich bewusst war, dass er sein wirtschaftliches Verhalten ändern müsse, gelang dies ihm demnach nicht. Hier wird deutlich, dass psychologische bzw. unterbewusste Faktoren eine entscheidende Rolle einnehmen. Diese gilt es also näher zu analysieren, um Ulrich Bräkers ökonomische Denk- und Handlungsmuster angemessen beurteilen zu können.
Tanner spricht in seiner Argumentation davon, dass für eine erfolgreiche wirtschaftliche Tätigkeit Bräkers unter anderem die *„notwendigen [...] persönlichen Voraussetzungen"* fehlten.[320] Bei diesen persönlichen Voraussetzungen kann man von einer Überschneidung mit psychologischen Variabeln ausgehen.
Schon in der Historischen Schule wurde gefordert, dass die Zusammenhänge von menschlicher Psyche und wirtschaftlichen Entscheidungen mehr zu berücksichtigen seien.[321] Miriam Gebhardt hat darauf hingewiesen, dass sozioökonomische Veränderungen neue psychische Strukturen benötigen.[322] Hiervon ausgehend wird im Folgenden gefragt, ob Bräker über die psychischen Voraussetzungen für die Rolle des erfolgreichen Verlegers während der Protoindustrialisierung, einer Epoche die in der Tat neue sozioökonomische Verhältnisse schuf, verfügte.

7.1 Das Konzept

Mitte der 1960er Jahre stand der amerikanische Psychologe David McClelland einem großangelegten Projekt vor. Diesem gehörten Mitglieder der verschiedensten Forschungsrichtungen an. McClelland ging es darum, durch verschiedene, oft innovative Methoden, eine entscheidende Korrelation zwischen wirtschaftlichem Wachstum und dem gesamtgesellschaftlichen Leistungsniveau festzustellen. Er nahm an, dass es dann zu wirtschaftlichem

---

[319] Sämtliche Schriften, Bd. IV, Lebensgeschichte, S. 541.

[320] Tanner, Baumvollenfabrik, S. 61.

[321] Vgl. Schoefer, Ökonomik, S. 1.

[322] Vgl. Gebhard, Miriam: Frühkindliche Sozialisation und historischer Wandel. In: Zuckermann, Moshe: Geschichte und Psychoanalyse. Tel Aviver Jahrbuch für deutsche Geschichte XXXII. Göttingen 2004. S. 258 – 273, hier S. 263.

Wachstum komme, wenn während einer Epoche ein großes Bedürfnis nach Leistung innerhalb einer Gesellschaft vorherrsche. Die Leistungsmotivation wurde demnach mit der ökonomischen Entwicklung in einen direkten Zusammenhang gebracht.[323]

McClelland vertrat hierbei die These, dass die Antriebe für wirtschaftlichen Erfolg unbewusster Natur seien. Er ging von der Ausgangsfrage aus, warum sich manche Menschen stärker als andere auf wirtschaftliche Tätigkeiten konzentrieren.[324] Entscheidend hierfür sei das Bedürfnis, etwas zu leisten. Dieses Bedürfnis bezeichnete er als »Leistungsmotiv« und beschrieb es mit der Formel »*b* Leistung«. Berechnet wurde dieses »*b* Leistung« durch *„die Anzahl der leistungsbezogenen Gedanken [..] unter »entspannten« Versuchsbedingungen"*.[325] Es ging darum, die Leistungsmotivation eines Menschen, unabhängig von dessen tatsächlichen Leistungen oder seinen bewusst getroffenen Äußerungen, zu beurteilen. Bei dem Leistungsmotiv handelt es sich, gemäß dieses Ansatzes, um einen sozio-psychologischen Faktor, welcher mit Hilfe empirischer Methoden von anderen psychischen Faktoren isoliert werden kann. Ausgehend von dieser Annahme entwickelte McClelland verschiedene Methoden zur Messung individueller Unterschiede in der Leistungsmotivation auf der Basis der Methodologie der experimentellen Psychologie und der Psychoanalytik Freuds. Durch McClellands Studie liegen Methoden vor, welche es erlauben das Leistungsbedürfnis eines Menschen empirisch zu messen.[326]

Basierend auf einer Untersuchung von Marian R. Winterbottom aus dem Jahr 1953 verknüpfte McClelland seine Theorie mit der »Weber-These«. Winter-

---

[323] Vgl. Wendt, Ingeborg Y.: Vorbemerkung der Herausgeber: Psychologie im Dienste der Wirtschaftswissenschaften. In: McClelland, David: Die Leistungsgesellschaft. Psychologische Analyse der Voraussetzungen wirtschaftlicher Entwicklung. Herausgegeben von Ingeborg Y. Wendt und Gerd Fleischmann. Stuttgart/Berlin/Köln/Mainz 1966, S. 11 – 19, hier S. 11. Zur Kritik an McClelland vgl. Seibel, H. Dieter: Gesellschaft im Leistungskonflikt (Studien zur Sozialwissenschaft, 11) Düsseldorf 1973, S. 17 – 19.

[324] Vgl. McClelland, Leistungsgesellschaft, S. 43.

[325] Zitat aus: Ebenda, S. 87.

[326] Vgl. ebenda, S. 83 – 90.

bottom hatte zuvor in einem Experiment herausgefunden, dass Mütter von Söhnen, welche ein hohes »*b* Leistungsniveau« aufweisen, an diese bereits früh hohe Maßstäbe gesetzt hatten. Die Mütter verlangten von ihren Kindern schon früh, sich auf sich selbst und die eigene Leistungsfähigkeit zu verlassen, und so selbst Situationen zu meistern. McClelland ging davon aus, dass mit der Reformation ein früheres Einsetzen der Erziehung zur Unabhängigkeit und Selbstständigkeit eingesetzt hatte. Dies wiederum hätte dann zu einem höheren »*b* Leistungsniveau« geführt und somit letzten Endes die Entstehung des modernen Kapitalismus bewirkt. Max Weber betonte vor allem die Bedeutung der Rationalisierung des ganzen Lebens, die mit einer systematischen Selbstkontrolle einhergeht. Gemeint ist hiermit die religiöse Überzeugung, dass sich der einzelne Mensch einwandfrei verhalten müsse, um sich von der Angst vor ewiger Verdammnis zu befreien. Diesen von Weber beschriebenen Vorgang interpretierte McClelland als das ständige Bemühen, sich selbst zu verbessern oder eben etwas zu leisten. Hiervon ausgehend gelangte McClelland zu der Annahme, dass die »Weber-These« auch als eine *„Revolution in der Familie"* aufgefasst werden kann, welche mehr Söhne mit einen höheren »b Leistungsniveau« hervorbrachte.[327]

Um die Beziehungen zwischen Motivation und wirtschaftlichem Handeln detailliert aufzeigen zu können, wandte sich McClelland dem Unternehmer bzw. dem unternehmerischen Verhalten als Untersuchungsgegenstand zu. Er fokussierte seine Untersuchungen insbesondere auf folgende Fragestellung: Warum sollte »*b* Leistung« gerade bei unternehmerischer Tätigkeit zu besserer Leistung führen?

Zur Beantwortung dieser Frage entwickelte McClelland einen analytischen Idealtypus unternehmerischen Rollenverhaltens. Diesem Unternehmer-Begriff lag keine Definition nach Art der wirtschaftlichen Produktion zugrunde. Vielmehr wurde der Unternehmer-Begriff nach dem unternehmerischen Rollenverhalten gekennzeichnet. Bei der Charakterisierung dieses unternehmerischen Rollenverhaltens wurden wirtschaftswissenschaftliche, soziologische sowie historische Ansätze und Konzepte berücksichtigt. Der von

[327] Vgl. ebenda, S. 90 – 94, Zitat auf S. 94.

McClelland entwickelte Idealtypus unternehmerischen Verhaltens kann vereinfachend durch die folgenden fünf Charakteristika beschrieben werden: Ersten übernimmt ein Unternehmer nur ein mäßiges Risiko, da er sich auf seine eigene Geschicklichkeit verlässt. Zweitens übt ein Unternehmer eine kraftvolle und bzw. oder eine innovierende Tätigkeit aus. Drittens fühlt sich der Unternehmer für seine Tätigkeiten persönlich verantwortlich. Viertens hat ein Unternehmer Kenntnisse und Überblick über seine Bilanzen. Und schließlich zeichnet sich fünftens ein Unternehmer durch langfristiges Planen aus. Diese Unternehmerdefinition kann auf die Verleger-Funktion während der Protoindustrialisierung und somit auf Ulrich Bräker übertragen werden. Darauf basierend untersuchte McClelland, mit Hilfe verschiedener psychologischer Methoden, ob ein hohes »*b* Leistung« bei den betroffenen Personen zu diesen einzelnen charakteristischen Verhaltensweisen führte. Er kam dabei zu dem Resultat, dass das Vorhandensein eines hohen »*b* Leistungsniveaus« bei diesen Menschen dazu führe, dass sie sich in vieler Hinsicht gemäß den Anforderungen für erfolgreiches Unternehmertum verhalten.[328] Diese Ergebnisse lassen den Umkehrschluss zu, dass Personen mit einem geringen »*b* Leistungsniveau« nicht für die Rolle des Unternehmers geschaffen sind und deswegen viel geringere Erfolgschancen besitzen.

7.2 Die Methode

Gestützt auf die Arbeiten Sigmund Freuds wandte sich McClelland zur Messung der Leistungsmotivation dem Unterbewusstsein zu. In Bezug auf die Messung von »*b* Leistung« anhand von Literatur stützten sich seine Untersuchungen auf imaginative Geschichten. Als Quellen dienten folglich nicht autobiographische Berichte, sondern ausschließlich erfundene Erzählungen. Um die psychologische Größe »*b* Leistung« für historische Epochen messen zu können, bezog er sich auf eine Methode David Berlews aus dem Jahr 1956. Diese machte es ihm möglich, Leistungsbilder in sprachlichen Dokumenten zu erkennen. Daraufhin entwickelte er eine Methode, welche es ihm erlaubte

[328] Vgl. ebenda, S. 201 - 231.

Rückschlüsse auf das gesamtgesellschaftliche Potential an »*b* Leistung« zu ziehen.[329] Um ein Leistungsbild handelt es sich, gestützt auf die Untersuchung Berlews, immer dann:

„a)Wo »eine der Personen in der Erzählung in irgendeiner Tätigkeit mit anderen wetteifert [...]« [...] b) »wo das Interesse, sich bei einem Wettbewerb zu bewähren, zwar nicht ausdrücklich erklärt wird, wo es aber durch einen affektiven Bezug auf das Erreichen eines Zieles oder durch Hinweise auf die Qualität von Handlungen wie Gründlichkeit oder Voraussicht, welche Voraussetzungen für den Erfolg bilden, deutlich zum Ausdruck kommt« [...] und c) wo eine einzigartige Leistung erwähnt wird."[330]

Hiermit liegt ein adäquates Auswertungssystem vor, mit welchem man, anhand von Literatur, die Stärke des Leistungsbedürfnisses messen kann. Im Folgenden wird nun diese Methode auf Ulrich Bräkers literarische Versuche, also explizit nicht auf seine Tagebucheinträge sowie seine »Lebensgeschichte«, angewandt. Dadurch soll festgestellt werden, ob der Protagonist über ein hohes bzw. niedriges »*b* Leistung«, im Sinne von McClellands Theorie, verfügte.

7.3 Anwendung der Methode auf Ulrich Bräkers literarische Versuche

McClelland schloss von vielen Leistungsbildern in der Literatur auf ein hohes gesellschaftliches »*b* Leistung«. Hierbei war er sich der Gefahr der möglicherweise fehlenden Repräsentativität der jeweiligen Autoren bewusst. Zudem musste er den Rückschluss ziehen, dass die Autoren eine »erzieherische« Funktion auf das Volk ausübten. Diese Gefahr wird hier vermieden, indem es nur darum geht, Ulrich Bräkers individuelles Leistungsniveau zu messen. Dessen literarische Arbeiten bieten den methodischen Ansprüchen genügendes Material. Die folgende Untersuchung stützt sich auf sämtliche im Tagebuch des Jahres 1770 vorkommende Gedichte, auf das »Jauß - Romanfragment« im Tagebuch 1789, auf das »Bauerngespräch« (Dramatisches, Bd. IV, 1777), die »Liedersammlung« (Bd. IV, 1779), »Gerichtsnacht« (Drama-

[329] Vgl. ebenda, S. 150 – 197.

[330] Ebenda, S. 157f.

tisches, Bd. IV, 1780) sowie »das gespräch im reiche der todten« (Tagebücher, 1793).

Bei der Auswahl der literarischen Arbeiten Bräkers wurde darauf geachtet, dass Texte jeder Literaturgattung, welche der Protagonist verwendete, untersucht wurden. Die Anzahl der Leistungsbilder ist immer auch vom geistigen Zustand des Autors abhängig, in welchem sich dieser zum Zeitpunkt der Niederschrift befand.[331] Dieses Problem wurde durch die große Auswahl des Quellenmaterials umgangen. Hierdurch sollte eine Repräsentativität der Resultate erreicht werden. Die durch die Methode ermittelte Anzahl der Leistungsbilder wurde durch die Anzahl der Zeilen geteilt und anschließend mit 100 multipliziert. Auf diese Weise wurde die Menge der Leistungsbilder pro 100 Zeilen ermittelt. So wurde es möglich die ermittelten Ergebnisse, mit denen McClellands in Relation zu setzen.[332]

Abbildung 9: Häufigkeit der Leistungsbilder innerhalb verschiedener literarischer Versuche Ulrich Bräkers.

	Jahr	Anzahl Zeilen	Leistungsbilder	Leistungsbilder pro 100 Zeilen
»Gedichte«	1771	1096	2	0,183
»Bauerngespräch«	1777	1299	1	0,077
»Liedersammlung«	1778[333]	1475	1	0,068
»Gerichtsnacht«	1780	3633	4	0,11
»Jauß-Romanfragment«	1789	3547	0	0
»gespräch im reiche der todten«	1793	238	0	0
Gesamt	-	11288	8	0,071

[331] Vgl. ebenda, S. 153.

[332] Die ausführlichen Ergebnisse dieser Untersuchung befinden sich im Anhang.

[333] Allerdings erscheint es fraglich, ob es sich bei diesem Jahr auch um das Entstehungsjahr sämtlicher Lieder handelte. Wahrscheinlicher ist wohl, dass Bräker diese in jenem Jahr zum erstenmal geordnet niederschrieb.

7.4 Interpretation der Ergebnisse

Die hier vorliegende Untersuchung kommt auf eine Menge von 0,071 Leistungsbilder pro 100 Zeilen innerhalb der verwendeten literarischen Versuche Bräkers.

Eine deutlichere Aussagekraft erlangen die hier ermittelten Werte hinsichtlich eines „*b* Leistungsniveaus" bei Ulrich Bräker, wenn man sie mit den Ergebnissen der Untersuchung McClellands vergleicht. Für die englische Literatur des 18. Jahrhunderts wurden beispielsweise durchschnittlich 2,28 bis 11,24 Leistungsbilder pro 100 Zeilen gemessen. Diese Ergebnisse variierten nach der jeweiligen Gattung. Auch bei den weiteren von McClelland errechneten Durchschnittswerten für die jeweiligen geschichtlichen Epochen kommt ein dermaßen niedriges Ergebnis, wie es für Bräker festgestellt wurde, nicht ein einziges Mal vor. In den jeweiligen Phasen des wirtschaftlichen und kulturellen Niedergangs, und damit den Epochen mit geringem »*b* Leistung«, lagen die Werte zwischen 1,35 und 2,67 Leistungsbilder pro 100 Zeilen.[334]

Gemäß diesen Ergebnissen lässt sich für Bräker ein äußerst geringes Leistungsbedürfnis feststellen. Er war demnach aus psychologischer Sicht nicht für unternehmerisches Verhalten prädestiniert. Auf diese Weise lässt sich der Widerspruch zwischen seinen bewusst getroffenen Vorsätzen, sich mehr auf die wirtschaftlichen Tätigkeiten zu konzentrieren oder sparsamer zu sein, und seinem tatsächlichen Verhalten zum Teil erklären. Hiervon ausgehend bestätigt sich die von McClelland vertretene Annahme, dass ökonomisch nützliche Verhaltensweisen von psychologischen Variabeln abhängig sind.[335]
Da ein höheres Leistungsbedürfnis zu besserem unternehmerischen Handeln prädestiniert, lassen sich Bräkers wirtschaftliche Probleme und auch der Widerspruch zwischen Vorsätzen und tatsächlichem Handeln vor dem Hintergrund dieser Ergebnisse besser verstehen.

Die Quellen einer hohen Leistungsmotivation bei den jeweiligen Akteuren sah McClelland in speziellen Glaubenshaltungen und Erziehungsmethoden.

---

[334] Vgl. McClelland, Leistungsgesellschaft, S. 163 – 179.

[335] Vgl. ebenda, S. 53f.

Das Entstehen eines hohen „b Leistungsniveaus" wurde dementsprechend vor allem durch eine Kindererziehung ermöglicht, in welcher früh Nachdruck auf Unabhängigkeit und eigenständiges Leistungsvermögen gelegt wurde. Hierbei entdeckte McClelland eine Korrelation zwischen pietistischen Glauben und einer mehr auf Unabhängigkeit zielenden Kindererziehung. Aufgrund der Quellenlage lassen sich für Ulrich Bräker die Ursachen seines geringen »*b* Leistungsniveaus« nicht sicher nachweisen. Mögliche Interpretationsansätze sollte Psychologen überlassen werden und blieben daher an dieser Stelle in einem spekulativen Bereich. Bräkers pietistisch geprägtes Elternhaus und die damit einhergehende Erziehung wirkten bei ihm nicht dahingehend, dass er eine hohe Leistungsmotivation entwickelte, welche ihn aus psychologischer Perspektive für den Beruf des Verlegers prädestiniert hätte.

VII. Zusammenfassung

Den Untersuchungsgegenstand dieser Studie bildeten Ulrich Bräkers (1735 - 1798) ökonomische Denk- und Handlungsmuster. Übergeordnet stand die Frage, ob sich anhand der Schriften des Protagonisten die Herausbildung kapitalistischer Denk- und Handlungsmuster feststellen lassen. Hierzu wurde untersucht, welche Elemente innerhalb des wirtschaftlichen Denkens und Handelns des Verlegers als eher traditionalistisch bzw. als eher modern-rational angesehen werden können. Zudem wurde analysiert, inwiefern Bräkers Lebens- und Berufsverhältnisse, seine religiösen Glaubenshaltungen, traditionalistische gesellschaftliche Normvorstellungen sowie das Gedankengut der Aufklärung die Herausbildung spezifischer ökonomischer Denk- und Handlungsmuster beeinflussten.

In den jeweiligen Kapiteln wurden daher unterschiedliche Perspektiven in Bezug zu dieser Fragestellung gewählt. Makrohistorische Theorien und Konzepte standen ständig argumentativ zur Seite.

Das Baumwollgewerbe breitete sich, ausgehend von St. Gallen seit ungefähr Mitte des 18. Jahrhunderts in der Ostschweiz aus und war im Verlagssystem organisiert. Ulrich Bräker schloss als Verleger die Lücke zwischen der ländlichen Produktions- und der städtischen Distributionssphäre. Er repräsentierte durch diese berufliche Tätigkeit eine neue soziale Schicht in der Schweiz. Bräker betrieb einen Garnhandel und Webereiverlag, später gründete er sogar eine Fabrik, in welcher Textilien bedruckt wurden. In seiner beruflichen Tätigkeit war er somit kapitalistischen Marktzusammenhängen unterworfen. Ausgehend von Bedingungen für wirtschaftlichen Erfolg als Verleger wurde als großes Problem von Bräkers ökonomischen Handeln seine mangelnde Durchsetzungsfähigkeit gegenüber Heimarbeitern und Geschäftspartnern ausgemacht. Aber auch unzureichende Kenntnisse über Produkte, Produktqualität und Marktvorschriften schadeten seinem kleinen Verlag. Ob und inwiefern er dagegen ausreichend über Märkte und Absatzmöglichkeiten informiert war, konnte anhand der vorliegenden Quellen nicht festgestellt werden. Es wurde aber deutlich, dass Ulrich Bräker über relativ fundiertes kaufmännisches Wissen verfügte. Dies zeigte sich zum einen in einer gut geordneten, auf ökonomisches Kalkül schließenden Buchführung. Zum anderen gewann er aufgrund seines umfangreichen Wissens über das Baumwollgewerbe sogar bei einem Preisausschreiben der Moralischen Gesellschaft von Lichtensteig. Die Analyse portraitierte Bräkers Geschäftsverbindungen als stabil. Die wichtigsten Geschäftspartner waren das Handelshaus „Hartmann und Grob jünger" sowie der Textilfabrikant Johannes Zwicky - Stäger.

Ulrich Bräkers Webereiverlag und Garnhandel waren von Kapitalknappheit beherrscht. Von daher spielten Kredite und Kreditwürdigkeit eine bedeutende Rolle im wirtschaftlichen Alltag des Protagonisten. Durch persönlich gestaltete Kreditbeziehungen, geschickten Umgang mit seinen Gläubigern sowie gekonnter Außendarstellung bekam der Verleger immer wieder neue Kredite gewährt. Zur Klassifizierung der Kreditaufnahmen wurde zwischen Konsumtiv-, und Produktivkrediten sowie Darlehen für den Erwerb von Besitz unterschieden. Hierbei ergab sich, dass Konsumtivdarlehen eine untergeordnete Rolle spielten. Bei den Darlehen für das Fortbestehen seines Verlagshandels sowie zur Errichtung der Fabrik handelte es sich um Produktivkredite, von welchen man auf kapitalistische Überlegungen des Verlegers schließen kann. Eine auf wirtschaftlichen Erfolg ausgerichtete Wirtschaftsweise wurde hieran deutlich. Die Investitionen des Verlegers in landwirtschaftliche Ressourcen nahmen zwar in erster Linie eine risikovermindernde Funktion ein, indem sie konjunkturelle Krisen im Baumwollgewerbe abfedern konnten, dienten zudem aber auch als Geldanlage, welche in Krisenzeiten kapitalisiert werden konnten.

Mit Hilfe einer quantitativen Untersuchung über Ulrich Bräkers Wahrnehmung in Bezug auf ökonomisch relevante Angelegenheiten wurde festgestellt, dass er diesen tendenziell in wirtschaftlichen Krisenzeiten eine erhöhte Aufmerksamkeit innerhalb seiner Aufzeichnungen zukommen ließ.

Um mögliche religiöse Einflussfaktoren auf die ökonomischen Denk- und Handlungsmuster des Verlegers zu untersuchen, wurden, mit Hilfe der von Max Weber entwickelten Kategorien, Bräkers pietistische Glaubensvorstellungen analysiert. Weber war von einem starken Zusammenhang zwischen den Glaubensvorstellung des asketischen Protestantismus und der Entstehung eines »kapitalistischen Geistes« ausgegangen. Der protestantischen Ethik sprach er eine erhebliche Bedeutung für die Rationalisierung des Menschen zu.

Vor allem für die frühen Tagebücher ließen sich bei dem Protagonisten einige Übereinstimmungen mit dem von Weber beschriebenen idealtypischen Annahmen feststellen. Anhand von Bräkers ständiger pietistischer Glaubensreflexion über seine Sündhaftigkeit ließ sich eine »systematische Selbstkontrolle« seines »Gnadenstandes« erkennen. Dementsprechend wurde Arbeit von Bräker als bestes asketisches Mittel angesehen, um den weltlichen Verführungen und somit dem göttlichen Strafgericht zu entgehen. Der Faktor Zeit wurde daher als wichtige Ressource wahrgenommen, welche man nicht verschwenden dürfe. Bräker fühlte sich aber nicht von Gott zum Händler berufen. Vielmehr betrachtete er Handelsgeschäfte als sündhaft. Auch wenn er Geldausgeben und weltliche Genüsse aus seinen religiösen Überzeugungen heraus ablehnte, betrachtete er Reichtum entgegen Webers Idealtypus nicht als Ausdruck eines gottgerechten Lebens. Es kam in seinen frühen Schriften meistens zur Glorifizierung von Armut und der Ablehnung von Gewinnstreben und Materialismus. Anhand der Schriften lässt sich eine Variante pietistischer Glaubensvorstellungen erkennen, wie sie Medick auch für den württembergischen Pietismus festgestellt hat und welche im Ertragen von Not und Mühsaal ein Zeichen göttlicher Erwählung sieht.

Bräkers religiöse Mentalität der frühen Tagebücher entsprach der protestantischen Ethik, wie sie Max Weber beschrieben hatte, nur zum Teil. Zu einer idealtypischen Verbindung von »protestantischer Ethik« und »Geist des Kapitalismus« kam es daher nicht.

Wichtig ist in diesem Zusammenhang, dass in der Forschung zu Bräker darauf hingewiesen wurde, dass es sich bei diesen frühen Tagebüchern um eine Selbststilisierung des Verlegers handelte, welche dem Denken und Handeln des Protagonisten daher nicht vollständig entsprach. Hier bietet sich ein Anknüpfungspunkt, durch welcher sich der häufige Widerspruch zwischen religiösen Vorstellungen und Maximen, wie er sie in den Tagebüchern formulierte, und seinem tatsächlichen Handeln erklären lässt.

Während Bräkers Einstellungen zur Arbeit und zum Handel im Laufe der Zeit wesentlich modifiziert wurden, behielt er seine ablehnende Haltung gegenüber Gewinnstreben und Eigennutz sowie die Erkenntnis von der Wichtigkeit der Zeit bis an sein Lebensende. Diese Annahmen wurden aber zum Teil von aufklärerischen Gedanken überlagert oder gar säkularisiert. Den Handel verurteilte er nicht mehr pauschal, sondern er unterstrich nun auch positive Aspekte. Während der Protagonist in der frühen Phase seines Schreibens Armut als gottgerecht glorifizierte, änderte sich sein Armutsverständnis. Armut erklärte er sich nun zum größten Teil durch Faulheit und Selbstverschuldung. Hier lässt sich ein Einfluss aufklärerischer Weltanschauungen vermuten.

Vor dem Hintergrund der Forschungsdiskussion über Mentalitäten und deren Wandel im Kontext der Protoindustrialisierung wurden Ulrich Bräkers ökonomische Denk- und Handlungsmuster anhand einiger Faktoren analysiert. Hierbei wurde deutlich, dass Bräker in der traditionalistischen Vorstellung einer »moralischen Ökonomie«, wie sie von Thompson beschrieben wurde, verhaftet blieb. Demnach zeigte sich beim Protagonisten ein Bewusstsein dafür, was einer gerechten Wirtschaftsweise entsprach. Diese Ausrichtung der ökonomischen Denkmuster zeigt sich vor allem hinsichtlich der Vorstellung eines »gerechten« Preises und einer traditionellen Höhe des Profits. Daher verurteilte er überzogenes Gewinnstreben und Wucher und verzichtete zum Teil bewusst auf höhere Profitmöglichkeiten in seiner wirtschaftlichen Praxis. Zudem orientierte sich der Verleger in seinem wirtschaftlichen Denken und Handeln an der Idee des »Gemeinnutz«. Dies zeigte sich vor allem daran, dass Bräker als Ziel seines wirtschaftlichen Handelns den Nutzen für die Gemeinschaft betonte.

In der Geschichtswissenschaft wurde als Charakteristika einer vorkapitalistischen Wirtschaftsweise eine auf die eigene Subsistenzsicherung ausgerichtete Arbeitsweise angenommen, welche sich auch in einem spezifischen Verhältnis zum Geld widerspiegeln würde. Geld würde demnach nicht als Mittel der

Vorratshaltung, sondern, entsprechend einer »labour-consumer-balance«, zur Deckung der Bedürfnisse, bzw. bei Verdienst der darüber hinaus ging, zum Luxuskonsum verwendet.

Ausgehend von Aussagen Bräkers, sowie gestützt auf die quantitative Untersuchung des vierten Kapitels, ließ sich bei dem Protagonisten in der Tendenz ein traditionalistisches, auf die eigene Subsistenz ausgerichtetes Arbeitsverhalten feststellen, welches größeren wirtschaftlichen Erfolg verhinderte. Ein solch gearteter Umgang mit Geld ließ sich am »Fall Bräker« aber nur partiell bestätigen. Zwar behauptete der Verleger von sich selbst, dass Geld für ihn lediglich einen Gebrauchswert besitze. Dies schließt allerdings nicht aus, dass anhand seines Kredit- und Investitionsverhaltens durchaus Akkumulationsstrategien beobachtet werden konnten. Die Investitionen eines Teiles seines überschüssigen Verdienstes in landwirtschaftliche Ressourcen sowie später in den Anbau seines Hauses nahmen in gewisser Weise die Funktion einer kapitalisierbaren Rücklage, einer »Sparkasse« ein. Doch ebenso ließ sich ein bedürfnisgesteuerter Umgang mit Geld beim Protagonisten feststellen. Denn dieses diente ihm dazu, sich seine Bedürfnisse nach Außendarstellung und vor allem Individualisierung zu erfüllen. Gerade am Wunsch Bräkers nach Individualisierung zeigt sich zudem ein Wandel in den Bedürfnissen, weg von einer traditionell-bäuerlichen Lebensweise, welche sich nun durch Geld realisieren ließ. Geld ermögliche den Verleger seine häufigen Vergnügungsreisen sowie den Erwerb von Büchern und Schreibmaterialien, und somit auch die Rechtfertigung seiner Mitgliedschaft in der aufklärerischen Lesegesellschaft.

Anhand der Untersuchung von Bräkers wirtschaftspolitischen Ansichten und Auffassungen konnten fortschrittliche Ansätze ökonomischen Denkens nachgewiesen werden. Zum einen erklärte er häufig konjunkturelle Wechselfälle aus volkswirtschaftlichen Zusammenhängen heraus. Zum anderen trat er unter Verwendung moderner Argumente für Gewerbefreiheit und die Aufhebung merkantilistischer Handelsbeschränkungen ein. Dahinter stand unter anderem die Auffassung, dass dies vor allem Vorteile, sprich gestiegene Löhne, für die protoindustriellen Unterschichten habe. Dieses Eintreten für einen

freien Markt lässt durchaus Ansätze kapitalistischer Denkmuster erkennen, welche aber von traditionalistischen Vorstellungen beeinflusst wurden.
Zudem ließ sich ein Einfluss aufklärerischer Wirtschaftsmaximen, wie zum Beispiel die Forderungen nach Sparsamkeit und Tüchtigkeit im Beruf, auf das ökonomische Denken des Verlegers belegen. Gerade in Krisenzeiten fasste Bräker Vorsätze sein ökonomisches Handeln anhand dieser Prinzipien auszurichten. Dies gelang ihm in der Realität allerdings selten.
Dieser, oft charakteristische Widerspruch zwischen seinen Vorsätzen bzw. den an ihn durch seine berufliche Tätigkeit gestellten Anforderungen und seinem tatsächlichen Handeln, ließ sich zum Teil durch eine wirtschaftspsychologische Methode erklären. Gemäß den Ergebnissen dieser psychologische Herangehensweise konnte festgestellt werden, dass Bräker über ein geringes Leistungsbedürfnis verfügte, und somit nicht die Vorraussetzungen für erfolgreiches Unternehmertum erfüllte. Ein Ziel war es hierbei zu zeigen, dass ökonomische und soziologische Erklärungen sinnvoll durch psychologische Interpretationsansätze ergänzt werden können.
Das Problem makrohistorischer Modelle und Theorien besteht darin, dass sie historische Sachverhalte verallgemeinernd darstellen und somit in einen Rahmen »pressen«, der oftmals zu vereinfachend ist und damit die historische Realität nicht angemessen widerspiegeln kann. Anderseits bieten sie einen notwendigen Rahmen um Einzelphänomene erklären zu können. Ziel dieser Studie war es nicht einen typischen, sprich repräsentativen Fall darzustellen. Ebenso wenig ging es darum, makrohistorische Ansätze zu exemplifizieren bzw. zu verifizieren. Die Absicht bestand vielmehr darin, durch eine mikrohistorische Herangehensweise, die Vielschichtigkeit wirtschaftlichen Handelns und Denkens an einem Einzelfall zu verdeutlichen.[336]
Ulrich Bräkers ökonomische Denk- und Handlungsmuster ergeben insgesamt ein ambivalentes, »ungleichzeitiges« Bild. Traditionsgebundene Formen wurden von modernen Elementen überlagert. Während die traditionalistische Orientierung am »Gemeinnutz« sowie die Vorstellung einer »morali-

---

[336] Vgl. auch Jeggle, Gewerbliche Produktion, v.a. S. 21 – 25; Medick, Weben und Überleben, v.a. S. 29 – 33.

schen Ökonomie« als Regulative für sein wirtschaftliches Handeln wirkten und sein Arbeitsverhalten traditionalistische Züge trug, lassen sein Kredit- und Investitionsverhalten sowie das Eintreten für Gewerbefreiheit und Aufhebung der Handelsbeschränkungen Ansätze kapitalistischer Denk- und Handlungsmuster erkennen. Gerade die Orientierung an traditionalistischen Werten verhinderte aber eine auf die eigene Gewinnmaximierung ausgerichtete, die Not der Mitmenschen in Kauf nehmende Wirtschaftsweise. Das Wirtschaften des Verlegers war nicht in erster Linie profit- sondern auch sozialorientiert, blieb also in gewisser Weise menschlich. In der heutigen Zeit wird, gerade im Kontext der Globalisierungsdebatte, eine Orientierung an sozialen Werten im wirtschaftlichen Handeln gefordert. Ulrich Bräker kann hierfür als ein Vorbild dienen.

Durch Ulrich Bräkers umfangreiche Schriften wurden die ökonomischen Denk- und Handlungsmuster einer Person aus der ländlichen Mittel- bis Unterschicht zugänglich. In seiner wirtschaftlichen Tätigkeit nahm dieser eine Mittlerfunktion zwischen Heimarbeitern und Handelskaufleuten ein. Durch die wirtschaftliche Tätigkeit löste er sich von den kleinbäuerlichen und industriellen Unterschichten. Dennoch gelang es ihm nie eine gesicherte Existenz zu schaffen bzw. den sozioökonomischen Aufstieg endgültig zu realisieren. Gleichzeitig entfernte sich Bräker durch seinen Hang zum Lesen und Schreiben und seinem Kontakt mit aufgeklärten Personenkreisen von seiner dörflichen Umgebung. Zudem lässt sich beim Protagonisten ein Wandel vom streng gläubigen Pietisten zu einer, von den Ideen der Aufklärung erfassten Persönlichkeit beobachten. Bräker gehörte demnach zu den wenigen Personen, welche am sozialen Schnittpunkt der frühneuzeitlichen Gesellschaft lebten.[337]

Die ambivalenten ökonomischen Denk- und Handlungsmuster des Verlegers zeugen von diesem Leben an sozialen Schnittstellen, welches zudem durch die geistigen Errungenschaften der Zeit sowie durch den wirtschaftlichen Transformationsprozess großen Veränderungen unterworfen war. Sczesny beschreibt die Epoche der Protoindustrialisierung als *„Spannungsfeld von Kon-*

---

[337] Vgl. Zimmermann, Bäuerlicher Traditionalismus, S. 227.

tinuität und Wandel".[338] Diese Ambivalenz spiegelt sich im wirtschaftlichen Denken und Handeln des Verlegers Ulrich Bräker.

Aufgrund seines besonderen Lebensweges steht dieser sicherlich nicht stellvertretend für die Schicht der Zwischenhändler und Kleinkaufleute des 18. Jahrhunderts. Dies wirkte sich zum Teil auch auf die ökonomischen Handlungs- und vor allem Denkmuster des Protagonisten aus, die mit Blick auf das Erkennen volkswirtschaftlicher Zusammenhänge und dem Eintreten für eine Liberalisierung der Marktverhältnisse als nicht repräsentativ erscheinen. Aufgrund der charakteristischen »Ungleichzeitigkeit« oder Ambivalenz wirtschaftlichen Denkens und Handelns kann dennoch eine gewisse Repräsentativität des Verlegers für die wirtschaftlichen Akteure des 18. Jahrhunderts angenommen werden. Denn einige geschichtswissenschaftliche Ansätze nehmen für die ländlichen Sozialschichten der Frühen Neuzeit als wesentliches Charakteristika eine *„Gleichzeitigkeit des Ungleichzeitigen"* an. Gemeint ist hiermit die Überlagerung *„der Modernität zugerechnete[r] Denk- und Verhaltensweisen mit resistenten Elemente[n] aus älteren Kulturzuständen"*.[339]

---

[338] Sczesny, Kontinuität und Wandel, S. 366.

[339] Hardtwig, Alltagsgeschichte heute, S. 24; vgl. hierzu auch Zimmermann, Bäuerlicher Traditionalismus, S. 238.

VIII. Abkürzungsverzeichnis

bzw.	beziehungsweise
Ders.	Derselbe
fl.	Gulden
GG	Geschichte und Gesellschaft
Hrsg.	Herausgeber
HZ	Historische Zeitschrift
u.A.	und andere
vgl.	vergleiche

IX. Anhang

1. Die quantitative Erfassung von wirtschaftlichen Aspekten in Ulrich Bräkers Schriften

1.1 Kriterien zur quantitativen Erfassung von wirtschaftlichen Aspekten in Ulrich Bräkers Schriften

Ziel und Fragen:

- Die quantitative Erfassung von der wirtschaftlichen Situation in Bräkers Tagebüchern hatte das Ziel, einen groben Überblick über dessen Wahrnehmung hinsichtlich seiner wirtschaftlichen Situation zu erhalten, um auf diese Weise Tendenzen in seiner Verteilung von Aufmerksamkeit sichtbar zu machen.
- Auf dieser Grundlage sollten folgende Fragen beantwortet werden können: Wie oft berichtete Bräker insgesamt von wirtschaftlichen Angelegenheiten? Wie verteilen sich die jeweiligen Erwähnungen auf die verschiedenen Jahre? Wie verteilte sich die Aufmerksamkeit auf seine eigene wirtschaftliche Situation? Wie oft erwähnte er dagegen die allgemeine wirtschaftliche Lage? Lässt sich im Zeitverlauf, auch im Hinblick auf Bräkers religiösen Wandel, eine Verschiebung der Verteilung von Aufmerksamkeit auf wirtschaftliche Dinge erkennen? Wie oft berichtete er innerhalb der verschiedenen Jahre konkret von seinem Handelsgeschäften? Wie häufig berichtete er positiv bzw. negativ von der allgemeinen wirtschaftlichen Lage sowie von seiner persönlichen ökonomischen Situation? Lassen sich Unterschiede zwischen der Berichterstattung in seinen Tagebüchern und der retrospektiven Sicht seiner »Lebensgeschichte« feststellen?

- Gegenstand der Erfassung waren zum einen Ulrich Bräkers Tagebücher der Jahre 1770 bis 1798[340]. Der Umfang der Edition beläuft sich auf 2067 Seiten[341]. Zum anderen wurde Ulrich Bräkers »Lebensgeschichte« mit einem Umfang von 213 Seiten verwendet.

Kriterien zur Abgrenzung der Bezugsobjekte:

- Bei der Erfassung wurde dazwischen unterschieden, ob Bräker von seiner eigenen, persönlichen wirtschaftlichen Situation bzw. von seinen Geschäften berichtete oder über die wirtschaftliche Allgemeinsituation schrieb.
- Ebenso wurde erfasst wie oft Ulrich Bräker konkret von seinen Handelsgeschäften berichtete.
- Es wurde ebenso unterschieden, ob Bräkers Aussagen in Bezug zu den Bezugsobjekten „positiv" bzw. „negativ" ausfielen.

Kriterien zur inhaltlichen Abgrenzung von der »eigenen wirtschaftlichen Situation« und der „allgemeinen wirtschaftlichen Situation":

- Die Erfassung bezog sich auf einen großangelegten Begriff von „wirtschaftlicher Situation".
- Einbezogen wurden alle Stellen in Bräkers Tagebuch, in welchen er über seine geschäftlichen Tätigkeiten, sein Verhältnis zu seinen geschäftlichen Tätigkeiten, seine finanzielle Situation sowie über Kredite berichtete.
- Unter die Kategorie »Allgemeine wirtschaftliche Situation« fielen alle Einträge, welche die allgemeine Konjunkturlage, oder die Handels- und Preissituation thematisierten.

[340] Für das Jahr 1686 liegen keine Aufzeichnungen Bräkers vor.

[341] Das Jauß Romanfragment im Umfang von 107 Seiten ist in diesem Wert nicht enthalten.

Kriterien zur inhaltlichen Abgrenzung von „positiven" bzw. „negativen" Aussagen

- Als »positiv« wurden beispielsweise »gute Geschäfte« (wurde innerhalb der Kategorie »persönliche Situation« gewertet), »besserer Verdienst« (Kategorie abhängig vom Kontext) oder »fallende Lebensmittelpreise« (Kategorie: »allgemeine wirtschaftliche Situation«) gewertet.
- Gegenteilige Äußerungen wurden dementsprechend als »negativ« in die Wertung aufgenommen.

Kriterien zur inhaltlichen Abgrenzung von Aussagen in Bezug zur Kategorie »Konkrete Handelsgeschäfte«:

- In diese Wertung wurden diejenigen Einträge aufgenommen, welche sich konkret auf Bräkers Tätigkeit als Verleger bezogen.
- Gemeint sind hiermit Situationen wie beispielsweise das Abrechnen mit einem Geschäftspartner oder die Beschreibung seiner Marktgeschäfte.
- Gerade für der Kreditbeziehungen fiel die Abgrenzung manchmal schwer. Hier wurden nur Aussagen gewertet aus denen klar hervorgingen, dass sie in direktem Zusammenhang mit seinem Handel standen.
- Nicht gewertet wurden Äußerungen Bräkers welche sich lediglich darauf bezogen, dass der Verleger beispielsweise nach Herisau oder Lichtensteig ging bzw. den Markt besuchte. Ohne eindeutigen Bezug zu geschäftlichen Angelegenheiten wurden diese Einträge aufgrund ihres spekulativen Charakters außer Acht gelassen.
- Die Ergebnisse wurden gleichzeitig auch innerhalb der Kategorie „eigene wirtschaftliche Situation" gewertet.

Kriterien zur Wertung:

- Alle Erwähnungen von Bräkers »privater wirtschaftlicher Situation« und der »wirtschaftlichen Allgemeinsituation« wurde gleich gewichtet. Die jeweilige Länge der einzelnen Erwähnungen spielte keine Rolle.
- Wenn in einem Abschnitt unterschiedliche Gedanken in Bezug auf die Bezugsobjekte vorkamen wurden diese doppelt gezählt.
- Wortwiederholungen wurden dagegen nicht mehrfach gewertet.
- Die Unterscheidung zwischen den Bezugsobjekten war oft problematisch. Es wurde nicht immer vollständig klar, wann Bräker nur über seine eigene Situation schrieb, oder wann er sich auf die Allgemeinsituation bezog. In eindeutigen Fällen wurden die Aussagen doppelt gezählt. Es handelt sich daher bei den Ergebnissen nur um grobe Richtwerte, welche dennoch eine gewisse Aussagefähigkeit besitzen.
- In Abschnitten, in welchen sich Bräker auf Situationen in der Vergangenheit bezog, wurden seine Erwähnungen dennoch erfasst. Festgehalten wurden diese Abschnitte, wie alle anderen, für das Jahr, in welchem er schrieb. Diese Aussagen wurden innerhalb der Kategorie »positiv/negativ« nicht gewertet.

1.2 Daten der quantitativen Erfassung von wirtschaftlichen Aspekten in Ulrich Bräkers Schriften

Erläuterungen zur Interpretation der Tabelle I:

- Die Zahl in dem jeweiligen Feld der ersten Reihe bezieht sich darauf, wie häufig Bräker das jeweilige Bezugsobjekt in dem angegebenen Jahr erwähnte.

- Der Wert in der zweiten Reihe bezieht sich darauf, wie häufig das jeweilige Bezugsobjekt, in Relation zum Seitenumfang des jeweiligen Jahres, erwähnte wurde. Hierzu wurde der oben stehende Wert durch die Anzahl der Seiten des jeweiligen Jahres dividiert. Die Werte wurden hierbei auf die dritte Ziffer hinter dem Komma aufgerundet. Auf diese Weise wurde bei allen in dieser Studie enthaltenen Wertungen vorgegangen.
- In den Fußnoten sind die Tagebucheinträge angegeben, in welchen sich die jeweiligen Aussagen befinden.

Tabelle I:

Jahr	Seiten-zahlen	Erwähnung gesamt	Allgemeine wirtschaftliche Situation	Private wirtschaftliche Situation
1770[342]	154	21	12	9
		0,136	0,078	0,058
1771[343]	101	31	13	18
		0,307	0,129	0,178
1772[344]	102	12	7	5
		0,118	0,068	0,049
1773[345]	97	10	6	4
		0,103	0,062	0,041
1774[346]	123	4	1	3
		0,033	0,008	0,024

342 Tagebucheinträge: 27.1. / 29.1. / 5. – 9.6. / 23.6. / 7.7. / 12.8. / 14. – 15.9. / 17.9. / 1. – 4.10. / 12. – 13.10. / 19.10. / 22. – 23.10. / 27.10. / 29.10. / 7.11. / 11.11. / 3.12. / nach 31.12.

343 Tagebucheinträge: 5.1. / 11.2. / 22.2. / 7. – 9.3. / 14. – 16.3. / 18. – 19.3. / 14. – 15.4. / 22. – 27.4. / 24. – 25.5. / 26. - 31.5. / 10. – 11.6. / 17. – 25.6. / 8. – 14.7. / 28. – 31.7. / 9. – 10.8. / 19. – 25.8. / 12.9. / 1. – 2.10. / 7. – 13.10. / 26. – 30.11. / 15. – 24.12. / 30.12.

344 Tagebucheinträge: 12.1. / nach 29.2. / 6. – 9.5. / 6. – 12.7. / 24. – 25.7. / 9.8. / 10. – 15.8. / nach 30.9. / 11. - 12.11. / 20.12. / 22.12.

345 Tagebucheinträge: 27.2. / 28.3. / 29.4. / 31.5. / 30.6. / 19.8. / 6.9. / 27.9. / 28.10. / 3.12.

346 Tagebucheinträge: 19.2. / 23.4. / 28.8. / 10.10.

1775[347]	2	1	0	1
		0,5	0	0,5
1776[348]	12	3	0	3
		0,25	0	0,25
1777[349]	7	3	1	2
		0,429	0,143	0,286
1778	2	0	0	0
		0	0	0
1779[350]	114	25	2	23
		0,219	0,018	0,202
1780[351]	105	13	0	13
		0,124	0	0,124
1781[352]	11	1	0	1
		0,091	0	0,091
1782[353]	92	16	1	15
		0,174	0,011	0,163
1783[354]	106	65	13	52
		0,637	0,123	0,491
1784[355]	47	18	3	15
		0,383	0,064	0,319
1785[356]	17	15	6	9

[347] Tagebucheinträge: August.

[348] Tagebucheinträge: 15.4. / 21.4. / 5.10.

[349] Tagebucheinträge: 18.3. / April/ 5.6.

[350] Tagebucheinträge: 4.1. / 8.1. / 9.1. /17.1. / 20.1. / 22.1. / 28.1. / 30.1. / 1.2. / 5.2. / 11.2. / 22.2. / 23. – 24.2. / 26.2. / 10.3./ 10.4. / 12.5. / 14.5. / 17.5. / 5. 6. / 6.6. / 7.7.

[351] Tagebucheinträge: 10.1. / 12.1. / 13.1. / 28.1. /1.2. / 3.2. / nach 5.3. / nach 2.4. / 18.4. / 25.4. / 23.5. / 15. – 16.7. / 15.8.

[352] Tagebucheinträge: 28.1.

[353] Tagebucheinträge: 1.1. / 2.1. / 7.1. / 9.1. / 11.1. / 12.1. / 14.1. / 18.1. / 8.2. / 10.5. / 5.6. / 7.6. / 13.11. / 12.12. / 21.12. / 31.12. / nach 31.12.

[354] Tagebucheinträge: 1.1. / 4.1. / 8.1. / 10.1. / 12.1. / 13.1. / 14.1. / 16.1. / 21.1. / 23.1. / 27.1. / 28.1. / 29.1. / 2.2. / 3.2./ 5.2. / 11.2. / 19.2. / 22.2. / 23.2. / 26.2. / 28.2. / 1.3. / 5.3. / 6.3. / 7.3. / 8.3. / 10.3. / 11.3. / 12.3. / 19.3. / 22.3. / 27.3. / 29.3. / 31.3. / 3.4. / 6.4. / 8.4. / 22.4. / 26.4. / 29.4. / 14.5. / 28.5. / 11.6. / 18.6. / 28.6. / 18.7. / 24.7. / 7.10. / 16.10. / 20.11. / 7.12.

[355] Tagebucheinträge: 2.1. / 5.1. / 11.1. / 13.1. / 26.2. / 13.4. / 15. – 16.6. / 8.8. / 10.8. / 26.9. / 28.9. / 2.10. / 18.10./ 18.11. / 12.12.

[356] Tagebucheinträge: 1.1. / nach 31.1. / 9.3. / nach 31.3. / 16.5. / nach 22.5. / 31. 5./ 24.7. / 28.7. / 4.8. / 12.9. / 15.9. / 9.10.

		0,882	0,353	0,529
1786	-	-	-	-
		-	-	-
1787[357]	114	49	6	43
		0,429	0,053	0,377
1788[358]	170	29	7	22
		0,171	0,041	0,129
1789[359]	172	20	5	15
		0,116	0,029	0,087
		14	5	9
1790[360]	87	0,161	0,056	0,104
1791[361]	23	6	0	6
		0,261	0	0,261
1792[362]	12	5	1	4
		0,417	0,083	0,333
1793[363]	93	30	10	20
		0,323	0,108	0,215
1794[364]	47	25	4	21
		0,532	0,085	0,447
1795[365]	62	27	9	18
		0,436	0,145	0,29

[357] Tagebucheinträge: 2. 1. / 6.1. / 8.1. / 30.1. / 6.2. / 7.2. / 17.2. / 26.3. / 27.3. / 7.4. / 11.4. / 12.4. / 13.4. / 16.4. / 17.4. / 18.4. / 19.4. / 23.4. / 26.4. / 27.4. / 28.4. / 29.4. / 4.5. / 12.5. / 15.5. / 26.5. / 4.6. / 9.6. / 21. – 24.6. / 28.6. / 29.6. / 30.6. / 10.7. / 17.7. / 29.8. / 9.9. / 23.9. / 29.9. / 2.10. / 5.12. / 28. – 29.12. / 31.12.

[358] Tagebucheinträge: 5.1. / 6.1. / 7.1. / 8.1. / 14.1. / 15.1. / 17.1. / 21. - 22.1. / 24.1. / 5.2. / 7.2. / 19.2. / 22.2. / 6.3. / 15.3. / 1.5. / 25.5. / 28.9. / 19.10. / 14.12. / 26.12. / 28.12.

[359] Tagebucheinträge: 17.1. / 18.1. / 19.1. / 26.1. / 6.2. / 9.2. / 15.2. / 16.2. / 17.2. / 19.2. / 21.2. / 24.2. / 26.2. / 28.3. / 29.3. / 30.3. / Juli. / Dezember.

[360] Tagebucheinträge: 1.1. / 2.1. / 7.1. / 15. – 20.1. / 28.1./ 25.2. / 18.3. / 28.4. / 4.5. / Juli / 21. – 26.9.

[361] Tagebucheinträge: 16.1. / 18.1. / 23.1. / 30.1. / Februar / März.

[362] Tagebucheinträge: 1.1. / Ende 1792

[363] Tagebucheinträge: 3.1. / 4.1. / 12.1. / 15.1. / 16.1. / 31.1. / 8.2. / 19.2. / März / April / Juni / 2.7. / 4.7. / nach 4.7. / 21. – 22.9. / 4.10. / 6.10.

[364] Tagebucheinträge: 5.1. / 10.1. /Februar / März / Mai / Juni / Juli / August / 13.9. / 16.9. / 2.10. / 5.10. / nach 5.10. / Dezember.

[365] Tagebucheinträge: 8.2. / 15.2. / 22.2. / 10.3. / 6.4. / 30.5. / Juni / 2.7. / 20.7. / 6.8. / 20.8. / September / nach 2.9. / 21.9. / 15.10. / November / Dezember.

1796[366]	45	20	15	5
		0,445	0,334	0,112
1797[367]	50	8	6	2
		0,16	0,12	0,04
1798[368]	99	14	4	10
		0,141	0,04	0,101
Gesamt	2067	485	137	348
		0,235	0,066	0,168
Lebens -	213	62	7	55
geschichte		0,291	0,033	0,258

Erläuterungen zur Interpretation der Tabelle II:

- Der jeweils erste Wert bezieht sich auf die absolute Häufigkeit der jeweiligen Einträge. Der in Klammern gesetzte Wert zeigt dagegen die „relative" Häufigkeit.
- In dieser Tabelle wurden Aussagen, welche weder als »positiv« bzw. »negativ« zu interpretieren sind, nicht berücksichtigt.
- Die erste eigentliche Spalte zeigt, wie oft Bräker »positiv« bzw. »negativ« innerhalb der einzelnen Jahre in Bezug auf seine »eigene wirtschaftliche Situation« schrieb.
- Auf gleiche Weise wurde in der zweiten und dritten Spalte mit den Bezugsobjekten »konkrete Handelsgeschäfte« sowie »Allgemeine wirtschaftliche Situation« verfahren.
- Die letzte Spalte fasst die vorherigen Wertungen zusammen.

366 Tagebucheinträge: Januar / Februar / März / Februar / April / Mai / Juni / Juli / 20.7. / August.

367 Tagebucheinträge: Januar / April / Juni / Oktober.

368 Tagebucheinträge: 15.2. / 25.2. / 22.3. /1. – 11.4. / 28. 4. / 2.5. / 29.6. / 25.7. / 28.7. / 14.8.

	„Eigene wirtschaftliche Situation“		Davon „Konkrete Handelsgeschäfte“		„Allgemeine wirtschaftliche Situation“		Insgesamt	
	Davon „Positiv“	Davon „Negativ“	Davon „Positiv“	Davon „Negativ“	Davon „Positiv“	Davon „Negativ“	„Positiv“	„Negativ“
1770		2 (0,013)	-	-	2 (0,013)	10 (0,065)	2 (0,013)	12 (0,078)
1771	1 (0,009)	13 (0,129)	-	4 (0,034)	-	13 (0,129)	1 (0,009)	26 (0,257)
1772	3 (0,029)	-	1 (0,009)	-	4 (0,039)	2(0,019)	7 (0,069)	2 (0,019)
1773	-	-	-	-	1 (0,01)	-	1 (0,01)	-
1774	-	1 (0,008)	-	-	1 (0,008)	-	1 (0,008)	1 (0,008)
1775	-	1 (0,5)	-	-	-	-	-	1 (0,5)
1776	-	-	-	-	-	-	-	-
1777	-	1 (0143)	-	-	-	1 (0,143)	-	2 (0,286)
1778	-	-	-	-	-	-	-	-
1779	3 (0,026)	-	1(0,009)	1 (0,009)	-	2 (0,018)	3 (0,026)	2 (0,018)
1780	-	-	-	-	-	-	-	-
1781	-	-	-	-	-	-	-	-
1782	2 (0,022)	-	2 (0,022)	-	-	-	2 (0,022)	-
1783	4 (0,038)	10 (0,094)	3 (0,028)	10 (0,094)	1 (0,009)	2 (0,019)	5 (0,047)	12 (0,113)
1784	2 (0,043)	4 (0,085)	2 (0,043)	4 (0,085)	2 (0,043)	1 (0,021)	4 (0,085)	5 (0,106)

	„Eigene wirtschaftliche Situation“		Davon „Konkrete Handelsgeschäfte“		„Allgemeine wirtschaftliche Situati-		Insgesamt	
	Davon „Positiv“	Davon „Negativ“	Davon „Positiv“	Davon „Negativ“	Davon „Positiv“	Davon „Negativ“	„Positiv“	„Negativ“
1785	3 (0,177)	3 (0,177)	2 (0,118)	3 (0,177)	-	6 (0,353)	3 (0,177)	9 (0,529)
1786	-	-	-	-	-	-	-	-
1787	3 (0,026)	12 (0,105)	2 (0,0175)	10 (0,088)	-	6 (0,053)	3 (0,026)	18 (0,158)
1788	1 (0,006)	7 (0,041)	-	6 (0,035)	-	7 (0,041)	1 (0,006)	14 (0,082)
1789	-	8 (0,047)	-	5 (0,029)	-	4 (0,023)	-	12 (0,069)
1790	-	3 (0,035)	-	3 (0,035)	-	5 (0,058)	-	8 (0,092)
1791	-	6 (0,261)	-	5 (0,217)	-	-	-	6 (0,261)
1792	-	2 (0,167)	-	1 (0,083)	-	1 (0,083)	-	3 (0,25)
1793	1 (0,011)	9 (0,097)	1 (0,011)	8 (0,086)	-	8 (0,086)	1 (0,011)	17 (0,183)
1794	-	4 (0,085)	-	1 (0,021)	-	4 (0,085)	-	8 (0,17)
1795	1 (0,016)	7 (0,113)	1 (0,016)	3 (0,048)	-	8 (0,129)	1 (0,016)	15 (0,242)
1796	-	3 (0,067)	-	1 (0,023)	2 (0,045)	9 (0,2)	2 (0,045)	12 (0,267)
1797	-	2 (0,04)	-	1 (0,02)	1 (0,02)	5 (0,1)	1 (0,02)	7 (0,14)
1798	1 (0,01)	8 (0,081)	-	-	-	3 (0,03)	1 (0,01)	11 (0,112)
Gesamt	25 (0,012)	106 (0,051)	15 (0,007)	66 (0,032)	14 (0,007)	97 (0,047)	39 (0,019)	203 (0,098)
»Lebensgeschichte«	2 (0,009)	21 (0,099)	2 (0,009)	13 (0,061)	1 (0,005)	5 (0,024)	3 (0,014)	26 (0,122)

2. Daten der Messung von »*b* Leistung« anhand Ulrich Bräkers literarischer Arbeiten

2.1 Gedichte (1770)[369]

Erläuterungen zu Tabelle III.:

- Die erste Spalte zeigt an, von welchem Tag des Jahres 1770 das Gedicht stammt.
- Die zweite Spalte bezieht sich darauf, über wie viel Zeilen sich das Gedicht erstreckt.
- Die dritte Spalte zeigt, wie viele Leistungsbilder innerhalb des Gedichts vorkommen.
- Die letzte Spalte bezieht sich darauf, auf welcher Seite sich das jeweilige Gedicht befindet.

Tabelle III

Gedicht vom	Anzahl Zeilen	Anzahl Leistungsbilder	Seitenzahl
5.1.	20	0	125
12./13.1	10	0	127f.
22./23.1	20	0	130f.
24.1.	10	0	131
25.1.	12	0	131
4.2	12	0	135
5./6.2	9	0	135
10.2	10	0	136
14.2	8	0	137
18.2	12	0	139

[369] In: Sämtliche Schriften, Bd. I, zwischen S. 125 - 250.

22./23./24.2.	12	0	140
5./6.3	13	0	142
7.3	10	0	143
18.3.	16	0	145f.
25.3.	14	0	147f.
27.3.	8	0	148
30.3.	12	0	149
4./5.4.	11	0	151
8.4.	12	0	152
9.4.	11	0	152
16.4.	26	0	155
28.4.	21	0	159f.
2.5.	9	0	161
3.5.	10	0	162
4.5.	20	0	162
5.5.	20	0	163
7.5.	20	0	164
20.5.	18	0	167
21.5.	9	0	168
23.5.	11	0	169
25.5.	22	0	169f.
26.5.	21	0	170
3.6.	22	0	174
4.6.	12	0	175
11.6.	10	0	177
25./26.6.	9	0	182
28.6.	9	0	182
30.6.	14	0	183
3.7.	12	0	184

6.7.	11	0	185
9.7.	9	0	186
10.7.	11	0	187
11.7.	20	0	187
14.7.	18	0	188
15.7.	21	0	189
19.7.	11	0	190f.
27.7.	9	0	194
28.7.	10	0	194
19.7.	12	0	194f.
1.8.	23	0	196
8./9.8.	14	0	199
10./11.8.	14	0	199f.
20. – 25. 8.	10	0	202
26.8.	10	0	203
1.9.	21	0	204f.
9.9.	10	0	208
16.9.	20	0	210f.
27./28./29.	18	2	214
5.10.	10	0	216
7.10.	14	0	217
11.10.	10	0	218f.
21.10.	10	0	221
24.10.	12	0	222
26.10.	18	0	223
3.11.	17	0	226
8.11.	10	0	228
9.11.	18	0	229
17.11.	10	0	232

19.11.	6	0	233
21.11.	10	0	233
23.11.	17	0	234
25.11.	6	0	235
29.11.	16	0	236f.
1.12.	8	0	237
4.12.	15	0	239
6.12.	13	0	240
12.12.	10	0	242
14.12.	16	0	243f.
17.12.	10	0	245
19.12.	14	0	245f.
20.12.	10	0	246
25.12.	12	0	249f.
Gesamt	1096	2	

Erläuterungen zu Tabelle IV.:

- Erste und zweite Spalte geben jeweils die gesamte Anzahl der Zeilen bzw. Leistungsbilder für die Gedichte des Jahres 1770 an. Die jeweiligen Seitenzahlen auf welchen die Leistungsbilder zu finden sind, wurden in Klammern gesetzt.
- Die dritte Spalte zitiert die Leistungsbilder in ihrer schriftlicher Form. In den Klammern wurde angegeben welcher Kategorie diese zugerechnet wurden.
- Die vierte Spalte bezieht sich auf das Entstehungsjahr der jeweiligen Aufzeichnung.
- Die letzte Spalte zeigt die Häufigkeit der Leistungsbilder pro 100 Zeilen. Ermittelt wurde dieser Wert dadurch, dass die Anzahl der Leistungsbilder durch die Anzahl der Zeilen geteilt und anschließend mit 100 multipliziert wurde.
- Dieses Schema wurde für alle folgenden Tabellen beibehalten.

Tabelle IV.:

Zeilen gesamt	Leistungsbilder gesamt	Leistungsbilder	Jahr	Leistungsbilder pro 100 Zeilen
1096	2	- „solt ich auf mich selber bauen" (S. 214, Kategorie b)	1771	0,183
		- „solt ich meinen krefften trauen" (S. 214, Kategorie b)		

2.2 Bauerngespräch (1777).[370]

Tabelle V.:

Zeilen gesamt	Leistungsbilder gesamt	Leistungsbilder	Jahr	Leistungsbilder pro 100 Zeilen
1299	1	- „ich sollte freylich mit allen kräfften auf den beruff halten" (S. 137, Kategorie b)	1777	0,077

2.3 Liedersammlung (1779).[371]

Tabelle VI.:

Zeilen gesamt	Leistungsbilder gesamt	Leistungsbilder	Jahr	Leistungsbilder pro 100 Zeilen
1475	1	- „wir sääen saamen was wir händ, das wir au reichlich	1779[372]	0,068

370 In: Sämtliche Schriften, Bd. IV, S. 127 – 161.

371 In: Sämtliche Schriften, Bd. IV, S. 79 – 122.

372 Es erscheint fraglich, ob es sich bei diesem Jahr auch um das Entstehungsjahr sämtlicher Lieder handelte. Wahrscheinlicher ist wohl, dass Bräker diese in jenem Jahr zum erstenmal schriftlich geordnet hat.

		den chönd" (S. 80, Kategorie b)		

2.4 Gerichtsnacht (1780).[373]

Tabelle VII.:

Zeilen gesamt	Leistungs - bilder gesamt	Leistungsbilder	Jahr	Leistungs-bilder pro 100 Zeilen
3633	4	„ich will allen meinen kräfften aufbieten - wer weist, die gnade kann noch mächtig durch mich würken" (S. 175, Kategorie b)	1780	0,11
		„schon wieder einer, mit einer zitung hinter mir her; wart ich will dir schon entrünen" (S. 186, Kategorie a)		
		„dachte wenn die gantze welt letzköpfig würde, so würd es Vice nicht" (S. 229, Kategorie c)		
		„aber ich habs gewonnen - gewonnen alles gewonnen, wen schon Richterstrauß wieder mich war" (S. 233, Kategorie a)		

[373] In. Sämtliche Schriften, Bd. IV, S. 163 – 257.

2.5 Jauß - Romanfragment(1789).[374]

Tabelle VIII.:

Zeilen gesamt	Leistungsbilder gesamt	Leistungsbilder	Jahr	Leistungsbilder pro 100 Zeilen
3547	0		1789	0

2.6 „gespräch im reiche der todten" (1793).[375]

Tabelle IX.:

Zeilen gesamt	Leistungsbilder gesamt	Leistungsbilder	Jahr	Leistungsbilder pro 100 Zeilen
238	0		1793	0

[374] In: Sämtliche Schriften, Bd. III, S. 86 – 151 und S. 165 – 193.

[375] In: Sämtliche Schriften, Bd. III, S. 415 – 421.

X. Quellen- und Literaturverzeichnis

1. Quellen

Bürgi, Andreas u.a. (Hrsg.): Ulrich Bräker. Sämtliche Schriften. 4 Bände. München 1998ff.

2. Literatur

Baumann, Max: Wirtschaft. In: Wissenschaftliche Kommission der Sankt-Galler Kantonsgeschichte (Hrsg.): Sankt Galler Geschichte. Bd. 3 (Frühe Neuzeit: Territorien, Wirtschaft). St. Gallen 2003, S. 94 - 147

Baumann, Max: Alltag und Kultur. In: Wissenschaftliche Kommission der Sankt-Galler Kantonsgeschichte (Hrsg.): Sankt Galler Geschichte. Bd. 4 (Frühe Neuzeit: Bevölkerung, Kultur). St. Gallen 2003, S. 44 - 94.

Bergier, Jean - Francois: Die Wirtschaftsgeschichte der Schweiz. Von den Anfängen bis zur Gegenwart. Zürich/Köln 1983.

Blickle, Renate: Nahrung und Eigentum als Kategorien in der ständischen Gesellschaft. In: Schulze, Winfried (Hrsg.): Ständische Gesellschaft und soziale Mobilität (Schriften des Historischen Kollegs, 12). München 1998, S. 73 - 94.

Brockhaus Enzyklopädie in vierundzwanzig Bänden. Bd. 6. Mannheim ^{22}1993.

Bürgi, Andreas (Hrsg.): Ulrich Bräker. Sämtliche Schriften. Bd. II. München 1998ff.

Bürgi, Andreas: Die Reisen, die Schlacht. Zu einer Voraussetzung von Ulrich Bräkers Tagebuch. In: Messerli, Alfred/Muschg, Adolf (Hrsg.): Schreibsucht. Autobiographische Schriften des Pietisten Ulrich Bräker (1735 - 1798) (Arbeiten zur Geschichte des Pietismus, 44). Göttingen 2004, S. 116 - 128.

Braun, Rudolf: Zur Einwirkung soziokultureller Umweltbedingungen auf das Unternehmerpotential und das Unternehmerverhalten. In: Ders. (Hrsg.): Von den Heimarbeitern zur europäischen Machtelite. Ausgewählte Aufsätze von Rudolf Braun. Zürich 2000, S. 65 - 95.

Braun, Rudolf: Das ausgehende Ancien Régime in der Schweiz. Aufriß einer Sozial- und Wirtschaftsgeschichte des 18. Jahrhunderts. Göttingen/Zürich 1984.

Braun Rudolf: Industrialisierung und Volksleben. Veränderungen der Lebensformen der verlagsindustriellen Heimarbeiter in einem ländlichen Industriegebiet (Zürcher Oberland) vor 1800. Göttingen [2]1979.

Bodmer, Walter: Die Entwicklung der Schweizerischen Textilwirtschaft im Rahmen der übrigen Industrien und Wirtschaftszweige. Zürich 1960.

Böning, Holger: „Was gehen mich eure Kriege an?". Ulrich Bräkers Erfahrungen als preussischer Rekrut und ihre Verarbeitung in seinem literarischen Werk. In: Schweizer Monatshefte 9 (1998), S. 21 - 24.

Böning, Holger: Revolution in der Schweiz. Das Ende der Alten Eidgenossenschaft. Die Helvetische Republik 1798 - 1803. Frankfurt am Main 1985.

Böning, Holger: Ulrich Bräker. Der Arme Mann aus dem Toggenburg. Leben, Werk und Zeitgeschichte. Königstein 1985.

Fischer, Thomas/Oberli, Heinrich: Die Industrialisierung des Toggenburgs. In: In: Büchler, Hans (Hrsg.): Das Toggenburg. Eine Landschaft zwischen Tradition und Fortschritt. Sulgen 1992, S. 78 - 98.

Casson, Mark: Der Unternehmer. Versuch einer historisch-theoretischen Deutung. In: GG 27 (2001), S. 524 - 544.

Cerman, Markus/Ogilvie, Sheilagh : Einleitung: Theorien der Protoindustrialisierung. In: Cerman, Markus/Sheilagh, C. Ogilvie (Hrsg.): Protoindustrialisierungen in Europa. Industrielle Produktion vor dem Fabrikzeitalter. Wien 1994, S. 9 - 21.

Chronik Ulrich Bräker. Auf der Grundlage der Tagebücher 1770 - 1798. Zusammengestellt und herausgegeben von Christian Holliger u.A. Bern/Stuttgart 1985.

Dülmen, Richard van: Die Entdeckung des Individuums 1500 - 1800. Frankfurt am Main 1997.

Ehmer, Josef: Traditionelles Denken und neue Fragestellungen zur Geschichte von Handwerk und Zunft. In: Lenger, Friedrich (Hrsg.): Handwerk, Hausindustrie und die Historische Schule der Nationalökonomie. Wissenschafts- und gewerbegeschichtliche Perspektiven. Bielefeld 1998, S. 19 - 77.

Gebhard, Miriam: Frühkindliche Sozialisation und historischer Wandel. In: Zuckermann, Moshe: Geschichte und Psychoanalyse. Tel Aviver Jahrbuch für deutsche Geschichte XXXII. Göttingen 2004. S. 258 - 273.

Gorißen, Stefan: Vom Handelshaus zum Unternehmen. Sozialgeschichte der Firma Harkort im Zeitalter der Protoindustrie (1720 - 1820) (Bürgertum: Beiträge zur europäischen Gesellschaftsgeschichte, 21). Göttingen 2002.

Görner, Rüdiger: Bräkers Shakespeare. Versuch über eine Annäherung. In: Schweizer Monatshefte 9 (1998), S. 32 - 34.

Graber, Heinz: Einleitung. In: Ulrich Bräker: Sämtliche Schriften. Hrsg. Von Andreas Bürgi u.A. Bd. II. München1998, S. VIII -XXXII..

Groh, Dieter: Zur Einführung. In: Thompson, Edward P.: Die „moralische Ökonomie" der englischen Unterschichten im 18. Jahrhundert. In: Ders.: Plebeische Kultur und moralische Ökonomie. Aufsätze zur englischen Sozialgeschichte des 18. und 19. Jahrhunderts. Ausgewählt und eingeleitet von Dieter Groh (Sozialgeschichtliche Bibliothek). Frankfurt/Berlin/Wien 1980, S. 5 - 28.

Hardtwig, Wolfgang: Alltagsgeschichte heute. Eine kritische Bilanz. In: Schulze, Winfried (Hrsg.): Sozialgeschichte, Alltagsgeschichte, Mikro-Historie. Eine Diskussion. Göttingen 1994, S. 19 - 32.

Hauser, Albert: Schweizerische Wirtschafts- und Sozialgeschichte. Erlenbach-Zürich/Stuttgart 1961.

Häberlein, Mark/Jeggle, Christof: Einleitung. In: Häberlein, Mark/Jeggle, Christof (Hrsg.): Vorindustrielles Gewerbe. Handwerkliche Produktion und Arbeitsbeziehungen in Mittelalter und früher Neuzeit (Irseer Schriften. Studien zur schwäbischen Kulturgeschichte, 2) Konstanz 2004, S. 11 - 18.

Hilger, Marie-Elisabeth: Der Wandel des Verständnisses von Haushalten im 18. Jahrhundert. In: Irmintraut, Richarz (Hrsg.): Haushalten in Geschichte und Gegenwart. Beiträge eines internationalen disziplinübergreifenden Symposions an der Universität Münster 6. - 8. Oktober 1993. Göttingen 1994, S. 125 - 137.

Hof, Ulrich Im: Aufklärung in der Schweiz (Monographien zur Schweizer Geschichte). Bern 1970.

Hoffmann, Susanne: Gesundheit und Krankheit bei Ulrich Bräker (1735 - 1798) (Zürcher Medizingeschichtliche Abhandlungen, 297). St. Gallen 2005.

Jeggle, Christof: Gewerbliche Produktion und Arbeitsorganisation: Perspektiven der Forschung. In. Häberlein, Mark/Jeggle, Christof (Hrsg.): Vorindustrielles Gewerbe. Handwerkliche Produktion und Arbeitsbeziehungen in Mittelalter und früher Neuzeit (Irseer Schriften. Studien zur schwäbischen Kulturgeschichte, 2) Konstanz 2004, S. 19 - 38.

Jehle, Marianne/Jehle, Frank: Kleine St.Galler Reformationsgeschichte. Herausgegeben vom evangelisch-reformierten Kirchenrat des Kantons St.Gallen. Zürich 2006.

Jung, Martin H.: Pietismus. Frankfurt am Main 2005.

Kocka, Jürgen: Perspektiven für die Sozialgeschichte der neunziger Jahre. In: Schulze, Winfried (Hrsg.): Sozialgeschichte, Alltagsgeschichte, Mikro-Historie. Eine Diskussion. Göttingen 1994, S. 33 - 39.

Kocka, Jürgen. Unternehmer in der deutschen Industrialisierung. Göttingen 1975.

Körner, Martin: Die Schweiz 1650 - 1850 In: Mieck, Ilja (Hrsg.): Europäische Wirtschafts- und Sozialgeschichte von der Mitte des 17. Jahrhunderts bis zur Mitte des 19. Jahrhunderts. Stuttgart 1993, S. 589 - 617.

Le Goff, Jaques: Eine mehrdeutige Geschichte. In: Raulff, Ulrich: Mentalitäten-Geschichte. Zur historischen Rekonstruktion geistiger Prozesse. Berlin 1987, S. 18 - 32.

Mager, Wolfgang: Protoindustrialisierung und Protoindustrie. Vom Nutzen und Nachteil zweier Konzepte. In: GG 14 (1988), S. 275 - 303.

McClelland, David: Die Leistungsgesellschaft. Psychologische Analyse der Voraussetzungen wirtschaftlicher Entwicklung. Herausgegeben von Ingeborg Y. Wendt und Gerd Fleischmann. Stuttgart/Berlin/Köln/Mainz 1966.

Medick, Hans: Die protoindustrielle Familienwirtschaft. In: Kriedte, Peter u.A.: Industrialisierung vor der Industrialisierung. Gewerbliche Warenproduktion auf dem Land in der Formationsperiode des Kapitalismus (Veröffentlichungen des Max-Planck-Instituts für Geschichte, 53) Göttingen 1977, S. 90 - 154.

Medick, Hans: Weben und Überleben in Laichingen 1650 - 1900. Lokalgeschichte als Allgemeine Geschichte. Göttingen 1996.

Messerli, Alfred/Muschg, Adolf (Hrsg.): Schreibsucht. Autobiographische Schriften des Pietisten Ulrich Bräker (1735 - 1798) (Arbeiten zur Geschichte des Pietismus, 44). Göttingen 2004.

Müller, Armin: Lichtensteig als Markt- und Verwaltungszentrum. In: Büchler, Hans (Hrsg.): Das Toggenburg. Eine Landschaft zwischen Tradition und Fortschritt. Sulgen 1992, S. 59 - 66.

North, Michael: Kultur und Konsum - Luxus und Geschmack um 1800. In: Walter, Rolf (Hrsg.): Geschichte des Konsums. Erträge der 20. Arbeitstagung der Gesellschaft für Sozial- und Wirtschaftsgeschichte 23. - 26. April 2003 in Greifswald. Wiesbaden 2004, S. 17 - 33.

North, Michael: Von der atlantischen Expansion bis zu den Agrarreformen (1450 - 1815). In: Ders. (Hrsg.): Deutsche Wirtschaftsgeschichte. Ein Jahrtausend im Überblick. München 2005, S. 112 - 197.

Pfister, Ulrich: Die Zürcher Fabriques. Protoindustrielles Wachstum vom 16. bis zum 18. Jahrhundert. Zürich 1992.

Pfister, Ulrich: Die protoindustrielle Hauswirtschaft im Kanton Zürich des 17. und 18. Jahrhunderts. In: Petzina, Dietmar: Zur Geschichte der Ökonomik der Privathaushalte. Berlin 1991, S. 71 - 108.

Pierenkemper, Toni: Unternehmensgeschichte. Eine Einführung in ihre Methoden und Ergebnisse. Stuttgart 2000.

Redlich, Fritz: Ein Programm der Unternehmerforschung. In: Ders.: Der Unternehmer. Wirtschafts- und sozialgeschichtliche Studien. Göttingen 1964, S. 132 - 152.

Redlich Fritz: Unternehmertypologie. In: Ders.: Der Unternehmer. Wirtschafts- und Sozialgeschichtliche Studien. Göttingen 1964, S. 153 - 170.

Reith, Reinhold: Lohn und Leistung aus der Perspektive der Historischen Schule der Nationalökonomie. Zum Problem der Wirtschaftsmentalitäten. In: Lenger, Friedrich (Hrsg.): Handwerk, Hausindustrie und die Historische Schule der Nationalökonomie. Wissenschafts- und gewerbegeschichtliche Perspektiven. Bielefeld 1998, S. 78 - 104.

Rolle, Robert: Homo oeconomicus. Wirtschaftsanthropologie in philosophischer Perspektive. Würzburg 2005.

Sauder, Gerhard: Die Bücher des Armen Mannes und der Moralischen Gesellschaft im Toggenburg. In: Arbeitsstelle 18. Jahrhundert, Gesamthochschule Wuppertal (Hrsg.): Buch und Sammler. Private und öffentliche Bibliotheken im 18. Jahrhundert. Colloquium der Arbeitsstelle 18. Jahrhundert, Gesamthochschule Wuppertal, Universität Münster, Düsseldorf vom 26. - 28. September 1979 (Beiträge zur Geschichte der Literatur und Kunst des 18. Jahrhunderts, 3) Heidelberg 1979, S. 167 - 186.

Schicketanz, Peter: Der Pietismus von 1675 bis 1800 (Kirchengeschichte in Einzeldarstellungen, 1). Berlin 2001.

Schmidt, Georg: Der Schweizer Bauer im Zeitalter des Frühkapitalismus. Bd. I. Bern 1932.

Schoefer, Martin: Ökonomik - Experimentelle Wirtschaftsforschung - Wirtschaftsethik (Philosophie und Ökonomik, 5) Münster 2005.

Schulze, Winfried: Vom Gemeinnutz zum Eigennutz. Über den Normenwandel in der ständischen Gesellschaft der Frühen Neuzeit. In: HZ 243 (1986), S. 591 - 626.

Sczesny, Anke: Zwischen Kontinuität und Wandel. Ländliches Gewerbe und ländliche Gesellschaft im Ostschwaben des 17. und 18. Jahrhunderts (Oberschwaben - Geschichte und Kultur, 7) Tübingen 2002.

Seibel, H. Dieter: Gesellschaft im Leistungskonflikt (Studien zur Sozialwissenschaft, 11) Düsseldorf 1973.

Sieber-Lehman, Claudius: Ein neuer Blick auf allzu Vertrautes: Mentalitätengeschichte in der deutschschweizerischen Geschichtsforschung. In: Schweizerische Zeitschrift für Geschichte, 41 (1991), S. 38 - 50.

Simmel, Georg: Philosophie des Geldes. In: Rammstedt, Otthein (Hrsg.): Georg Simmel. Gesamtausgabe. Bd. 6. Frankfurt am Main 1989.

Sombart, Werner: Der moderne Kapitalismus. Historisch-systematische Darstellung des gesamteuropäischen Wirtschaftslebens von seinen Anfängen bis zur Gegenwart. Bd. 1 (Die vorkapitalistische Wirtschaft). München/Leipzig 1928.

Stadler, Alois/Göldi, Wolfgang: Heriemini - welch eine Freyheit! Ulrich Bräker über „Himmel, Erde und Höll". Zürich 1998.

Tanner, Albert: Spulen - Weben - Sticken. Die Industrialisierung in Appenzell Ausserhoden. Zürich 1982.

Tanner Albert: Das ganze Land eine „Baumwollenfabrik". Ulrich Bräker als Garnhändler, Weber und kleiner Fabrikant. In: Toggenburgblätter für Heimatkunde 36 (1985), S. 51 - 67.

Thompson, Edward P.: Die „moralische Ökonomie" der englischen Unterschichten im 18. Jahrhundert. In: Ders.: Plebeische Kultur und moralische Ökonomie. Aufsätze zur englischen Sozialgeschichte des 18. und 19. Jahrhunderts. Ausgewählt und eingeleitet von Dieter Groh (Sozialgeschichtliche Bibliothek). Frankfurt/Berlin/Wien 1980.

Ulrich, Peter: Integrative Wirtschaftsethik. Bern 1997.

Voellmy, Samuel: Daniel Girtanner von St. Gallen - Ulrich Bräker aus dem Toggenburg und ihr Freundeskreis. Ein Beitrag zur Geschichte der Aufklärung in der Schweiz in der 2. Hälfte des XVIII. Jahrhunderts (Dissertation). St. Gallen 1928.

Vogler, Werner: Das Toggenburg im Klosterstaat der Fürstabtei von St. Gallen (1468 - 1798). In: Bücher, Hans (Hrsg.): Das Toggenburg. Eine Lamdschaft zwischen Tradition und Fortschritt. Wattwil 1992, S. 47 - 58.

Volkmann, Laurenz: Homo oeconomicus. Studien zur Modellierung eines neuen Menschenbildes in der englischen Literatur vom Mittelalter bis zum 18. Jahrhundert. Heidelberg 2003.

Volz-Tobler, Bettina: Ulrich Bräkers „Selbstaufklärung" im Spiegel seiner frühen Tagebücher. In: Messerli, Alfred / Muschg, Adolf (Hrsg.): Schreibsucht. Autobiographische Schriften des Pietisten Ulrich Bräker (1735 - 1798) (Arbeiten zur Geschichte des Pietismus, 44). Göttingen 2004, S, 72 - 92.

Walter, Rolf: Einführung in die Wirtschafts- und Sozialgeschichte. Paderborn/München/Wien/Zürich 1994.

Weber, Weber: Die protestantische Ethik und der Geist des Kapitalismus. In: Ders.: Gesammelte Aufsätze zur Religionssoziologie I. Tübingen 1988, S. 17 - 206.

Wegelin, Peter: Der arme Mann im Druck. Ulrich Bräkers Weg von Orell, Gessner, Füssli und Compagnie in Zürich zu C.H. Beck in München. In: Schweizer Monatshefte 9 (1998), S. 35f.

Wuthenow, Ralph - Rainer: Das erinnerte Ich. Europäische Autobiographie und Selbstdarstellung im 18. Jahrhundert. München 1974.

Zimmermann, Clemens: Bäuerlicher Traditionalismus und agrarischer Fortschritt in der frühen Neuzeit. In: Peters, Jan (Hrsg.): Gutsherrschaft als soziales Modell. Vergleichende Betrachtungen zur Funktionsweise frühneuzeitlicher Agrargesellschaften. München/Oldenburg 195, S. 219 - 238.

Zurfluh, Anselm: Uri, Modell einer traditionellen Welt? Eine ethnogeschichtliche Studie über die Urner Mentalität 17. - 20. Jahrhundert. Zürich 1994.

***ibidem*-Verlag**
Melchiorstr. 15
D-70439 Stuttgart
info@ibidem-verlag.de

www.ibidem-verlag.de
www.ibidem.eu
www.edition-noema.de
www.autorenbetreuung.de

Zeitfracht Medien GmbH
Ferdinand-Jühlke-Straße 7
99095 Erfurt, Deutschland
produktsicherheit@kolibri360.de